24

アートとノスタルジックを愉しむ

65th Anniversary Campaign

映画『二十四の瞳』公開65周年記念

2019. ～7.31 Wed

日本映画全盛期の1950年代。その中において壺井栄原作『二十四の瞳』が監督木下惠介、主演高峰秀子で撮影され、1954年（昭和29年）に公開。この作品は現在まで10回も映像化されるほど、日本人が大切にすべき魂が込められています。

映画『二十四の瞳』公開65周年を記念して、2019年7月31日まで、入村料金が大人650円・小学生320円に。オリジナルポストカードもプレゼント！

オリーブビーチから便利な「渡し舟」運航中
映画村とのお得なセット券有り
9:30～16:30（予約不要、随時出発）
※水・木曜日は休航（8月・9月毎日運航）

Artists Stories『Focus』～Gallery KUROgO～ 入場無料

新人作家を支援する企画展

『A village of stories ～物語達の村～』

3月23日（土）～6月30日（日）

増田将大 Masahiro Masuda

静岡県出身のアーティスト。シルクスクリーン、カメラとプロジェクターを用いて時間の重なりやズレを孕んだ作品を制作している。2017年には「かけがわ茶エンナーレ」に出展し、掛川城御殿での展示作品は異彩を放ち高評価を得る。その他展示歴、賞歴多数。本展では多くの映画作品のロケ地となった小豆島において、様々な物語が存在しそれぞれの時間が展開されていることに着目し、現地で撮影をおこない制作した新作を発表予定。

『帰還Ⅰ』7月19日（金）～9月30日（月）

岡田成生 Shigeo Okada

2014年　第一回 岡田成生展 in Bar haracchi
2018年　SHIGEO OKADA ILLUSTRATION WORKS 2013-2018 RELEASE PARTY IN BAR GARI GARI

<主な仕事>

・シネマヴェーラ渋谷のポスター　2015年～
・週刊ポストでの挿絵連載　連載小説「東京輪舞」著:月村了衛 2017年6月～2018年9月
・キネマ旬報での挿絵連載　「映画と芝居のはなし」成澤昌茂　2018年～
・市川海老蔵特別公演『源氏物語』第二章 ～朧月夜より須磨・明石まで～ プロジェクションマッピング　2018年
・NHKスペシャル「クローズアップ現代+」での作画担当

『A blank of one hundred』

10月12日（土）～2020年1月19日（日）

團上祐志 Yushi Dangami

愛媛県出身のアーティスト。武蔵野美術大学油絵科油絵専攻在学中から国内外で展示を開催。絵画表現を基軸に置き、肖像、非対象、立体作品等交換と振幅をテーマに境界としての絵画の中立性と可能性を模索する。ロサンゼルス、ニューヨーク、デンバーのギャラリーでの展示と活動の幅を広げている。2018年株式会社STILLLIFEを立ち上げ、愛媛県大洲市にて歴史・芸術的背景を持つ古民家の維持管理、修復やアーティストインレジデンス活動などのプラットホーム事業に従事。同年の豪雨で浸水した木材を利用した家具製作など、多岐に渡り活動中。

瀬戸内国際芸術祭2019作品

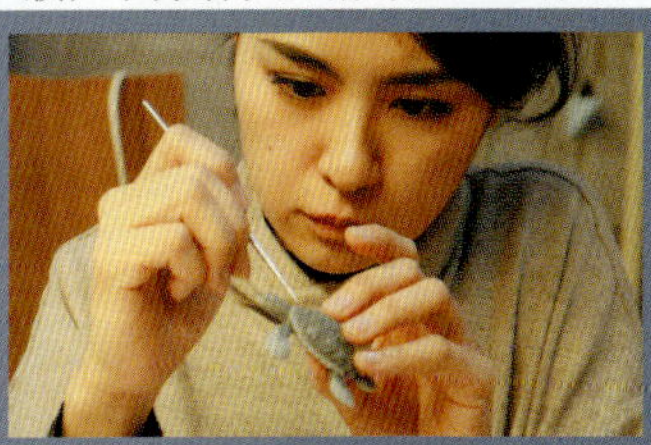

『漁師の夢』アーティスト 入江早耶

印刷物を消しゴムで消し立体作品に再創造する現代美術作家。2Dのイメージを3Dに召喚する作風で知られる、国内外で活動する消しカスアーティスト。2012年第6回Shiseido Art Egg賞受賞。主な展覧会として、「瀬戸内国際芸術祭」（香川、2016年）、「Radierungen」（ドイツ、2018年、個展）などがある。

『愛のボラード』プロダクトデザイナー 清水久和

駐車場の一角に巨大なボラード（係船柱）を立てることで、海からやってくるはずの「何か」への人々の想像力を作り出します。どんな大きなものでも繋ぎとめられそうな力強く無表情な造形は、風景の中に開いた穴のように人々を引き寄せることでしょう。

瀬戸内国際芸術祭パスポート提示 入村料500円

二十四の瞳映画村

〒761-4424 香川県小豆郡小豆島町田浦
TEL.0879-82-2455　http://www.24hitomi.or.jp/
入村時間 AM9:00～PM5:00　年中無休
入村料金 映画村：大人790円・小人380円
分教場：大人240円・小人120円
セット：大人880円・小人440円

二十四の瞳 映画村

Find us on Facebook

姫路⇔福田航路（フェリー）
（所要時間約100分）

姫路▶福田

便	姫路発	福田着
1	7:15	8:55
2	9:45	11:25
3	11:15	12:55
4	13:35	15:15
5	15:10	16:50
6	17:25	19:05
7	19:30	21:10

福田▶姫路

便	福田発	姫路着
1	7:50	9:30
2	9:20	11:00
3	11:40	13:20
4	13:15	14:55
5	15:30	17:10
6	17:15	18:55
7	19:30	21:10

●片道運賃

（旅客）
大人1,520円/小人760円

（乗用車・トラック・バス）
4m未満 7,390円
5m未満 9,230円

福田港
TEL.0879-84-2220
姫路港
TEL.079-234-7100

高松⇔土庄航路（フェリー）
（所要時間約60分～約70分）

高松▶土庄

便	高松発	土庄発
1	6:25	6:36
2	7:20	7:35
3	8:02	8:35
4	9:00	9:25
5	9:55	10:20
6	10:40	11:20
7	11:35	12:20
8	12:35	13:53
9	13:40	14:45
10	15:10	15:45
11	16:00	16:30
12	17:20	17:30
13	17:50	18:40
14	18:45	19:30
15	20:20	20:10

●片道運賃

（旅客）
大人690円/小人350円

（乗用車・トラック・バス）
4m未満 4,940円
5m未満 6,210円

サンポート高松
（フェリー乗り場）
TEL.087-822-4383
（高速艇乗り場・県営第1桟橋）
TEL.087-821-9436

高松⇔土庄（高速艇）
（所要時間約35分）

高松▶土庄

便	高松発	土庄発
1	7:40	7:00
2	8:20	7:30
3	9:10	8:20
4	10:00	9:10
5	10:40	10:00
6	11:20	10:40
7	13:00	11:20
8	13:40	13:00
9	14:20	13:40
10	15:10	14:20
11	15:50	15:10
12	16:30	15:50
13	17:10	16:30
14	17:50	17:10
15	18:30	17:50
夜間	21:30	20:50

●片道運賃

（旅客通常便）
大人1,170円/小人590円

（旅客夜間便）
大人1,550円/小人790円

土庄港
TEL.0879-62-0875

土庄⇔宇野（旅客船・フェリー）
（所要時間 旅客船/約60分・フェリー /約90分）

土庄▶唐櫃▶家浦▶宇野

便	土庄発	唐櫃発	家浦発	宇野着
客	—	—	—	—
フ	—	—	6:00	6:40
客	7:20	7:40	7:55	8:20
フ	8:40	9:10	9:30	10:09
客	10:30	10:50	11:05	11:30
客	—	—	12:30	12:55
フ	13:10	13:40	14:00	14:39
客	15:50	16:10	16:25	16:50
フ	17:50	18:20	18:40	19:19
客	19:25	19:45	20:00	—

宇野▶家浦▶唐櫃▶土庄

便	宇野発	家浦発	唐櫃発	土庄着
客	—	6:40	6:55	7:15
フ	6:45	7:25	7:45	8:14
客	8:40	9:05	9:20	9:40
フ	11:10	11:50	12:10	12:39
客	11:35	12:00	—	—
客	13:25	13:50	14:05	14:25
フ	15:25	16:05	16:25	16:54
客	17:30	17:55	18:10	18:30
フ	19:30	20:10	—	—

客…旅客船　フ…フェリー

●片道運賃

（旅客）
土庄→唐櫃 **大人480円/小人240円**
土庄→家浦 **大人770円/小人390円**
土庄→宇野 **大人1,230円/小人620円**
宇野→唐櫃 **大人1,030円/小人520円**
宇野→家浦 **大人770円/小人390円**
唐櫃→家浦 **大人290円/小人150円**

（乗用車・トラック・バス）
宇野→土庄 **4m未満 6,870円** / **5m未満 8,590円**
宇野→唐櫃 **4m未満 5,400円** / **5m未満 6,620円**
宇野→家浦 **4m未満 4,780円** / **5m未満 5,390円**
家浦→土庄 **4m未満 4,780円** / **5m未満 5,390円**
唐櫃→土庄 **4m未満 3,560円** / **5m未満 4,540円**

土庄港
TEL.0879-62-0875
家浦港
TEL.0879-68-3369
宇野港
TEL.0863-21-3540

瀬戸内を快適ネットワークで結ぶ四国フェリーグループ
小豆島フェリー株式会社
香川県高松市サンポート8-28 **TEL.087-851-8171**
http://www.shikokuferry.com/

小豆島豊島フェリー株式会社
香川県小豆郡土庄町甲6194-11 **TEL.0879-62-1348**
http://www.shodoshima-ferry.co.jp/

※H31年4月1日現在
ダイヤや運賃等は変更されることがありますので、お問い合わせください。

瀬戸の島旅
小豆島・直島
豊島・女木島・男木島+7島めぐり

ライター・カメラマン・編集者・デザイナー
みんな瀬戸内在住

CONTENTS

●表紙写真／防波堤から男木島を望む一枚。2隻の「めおん」が寄港している、島ならではの風景。
撮影／中村政秀（せとうちカメラ）
●裏表紙写真／小豆島小部キャンプ場の吊り橋

- 004 フォトジェニックな島を訪ねる

  小豆島・直島・豊島・女木島・男木島・本島
- 012 備讃瀬戸 全航路図
- 014 のんびり島のカフェ時間
- 020 島のおいしいを探して
- 028 **小豆島**
  - 030 小豆島6つの港めぐり
  - 040 島四国88ヶ所めぐり
- 052 **直島**
  - 054 写真を撮ってアートを楽しもう
  - 056 直島の宿
- 062 **豊島**
- 068 風景にとけこむアートをたずねて
- 074 **女木島**
- 079 **男木島**
- 084 **犬島**
- 090 大島
- 094 沙弥島
- 098 本島
- 102 伊吹島
- 104 高見島
- 106 粟島
- 108 瀬戸内を愉しむ個性豊かな宿
- 113 島旅の宿リスト
- 116 高松港周辺
- 118 宇野港周辺
- 120 船の時刻表・港マップ
- 124 レンタサイクル案内
- 126 インデックス

本誌に掲載されている商品の表示価格は、2019年3月1日現在の税込価格です。本誌記事・写真・イラストの無断転載を禁じます。

小豆島・直島・豊島・女木島・男木島・本島

フォトジェニックな島を訪ねる

吹きぬける潮風に、あたたかい島の光に誘われて、「まだ見ぬ景色」に会いに行こう。
祈りが込められた優しい絶景も、心を揺さぶる神秘的な風景も、自然が織りなす癒しの情景も、
すべてを記憶のなかにしっかりと刻みながら、一期一会のフォトジェニック紀行へ。

2

祈りの絶景

八百万の神様がいると言われている日本で、人々は日々感謝をしながら暮らしていた。島で出会う絶景の中には、そんな人々の祈りの対象となった場所も。そこに立つだけで厳かな気持ちになり、知らず知らずに祈りを捧げている。そんな風に心を豊かにしてくれるその場所は、まさにパワースポット。

4

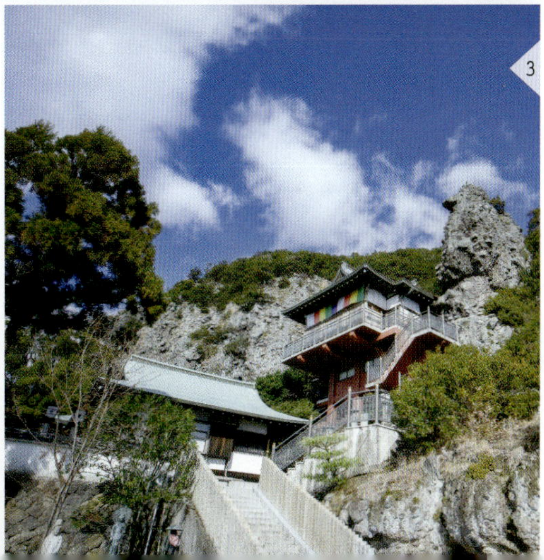

3

1：エンジェルロード《えんじぇるろーど》

小豆島

砂浜から続く4つの島を結ぶ道で、潮の満ち引きにより、現れたり、消えたりする。いつからか「大切な人と手をつないで渡ると幸せになる」といわれるようになり、観光客からも絶大な人気。

M P.29 B-3

2：恵門之不動《えもんのふどう》

小豆島

高さ45mの岩山の中腹にある懸崖(けんがい)造りのお堂。巨石の中には洞窟があり、弘法大師が100日間こもって人々を救済するための祈祷を行ったといわれている。今も連日護摩祈祷が行われている。(第81番札所)

M P.28 E-1

3：西之瀧《にしのたき》

小豆島

長勝寺奥之院西之瀧は、まさに「天空の霊場」。大麻山の山頂付近に位置しており、まさに天空の趣。断崖に沿うように見える朱塗りの護摩堂が美しい。(第42番札所)

M P.28 C-2

4：碁石山《ごいしざん》

小豆島

碁石山の本堂は岩壁の洞窟にあり、そこから山頂に向かうと波切不動明王像がある。願い事をしながら3周回れば、それが叶うといわれている。登山道は足場が悪いため、足元に注意を。(第2番札所)

M P.28 E-3

神秘の巨樹・巨石のある風景

古代、人々は巨樹や巨石を信仰し、これらを神様として祀っていた。神木や霊木と呼ばれる巨樹は、その生命力で見る者を圧倒する。人工的に配置された磐座(いわくら)を崇める巨石信仰は、縄文時代に始まったともいわれる。いずれも不思議な力を感じさせ、地球の鼓動が聞こえてくるかのよう。

重岩《かさねいわ》

小豆島

小瀬石鎚神社の御神体である重岩は、大きな岩が絶妙なバランスで重なっている。青い海に転げ落ちそうでハラハラするが、天からパワーが降り注ぐ場所として近年、人気上昇中だ。

M P.29 B-3

1：寒霞渓巨石・奇石群《かんかけいきょせき・きせきぐん》

小豆島

約1300万年前の火山活動により誕生した寒霞渓は、不思議な形をした巨石の宝庫。写真の「烏帽子岩」をはじめ松茸岩や幟岳、大亀岩などが点在。トレッキングをしながら回るのもおすすめ。

M P.28 E-2

2：樹齢千年のオリーヴ大樹《じゅれいせんねんのおりーゔたいじゅ》

小豆島

見晴らしのよい「オリーヴの森EAST」に植えられた樹齢千年のオリーヴ大樹は、スペイン・アンダルシア地方から運ばれてきたもの（お問い合わせ：オリーヴの森の駅／小豆島ヘルシーランド株式会社 tel.0879-62-8989）。

M P.29 B-3

1：寒霞渓《かんかけい》

小豆島

ロープウェイもあって、紅葉のスポットとして有名だが、小豆島固有種のショウドシマレンギョウや山桜などが咲き誇る春や、新緑が美しい初夏の眺めも格別。

M P.28 E-2

2：小豆島・銚子渓《しょうどしまちょうしけい》
自然動物園《しぜんどうぶつえん》
お猿の国《おさるのくに》

小豆島

ほぼ自然に近い状態で暮らしている500匹の猿に出会える楽園。自由気ままに過ごす猿たちの仕草は、とてもユーモラスで思わずにっこり。また愛らしい子猿たちも、心和ませてくれるはず。

M P.28 D-2

3：豊島《てしま》

豊島

耕作放棄地となっていた棚田を活用し、香川県のブランド牛であるオリーブ牛の放牧が行われている豊島。海を見下ろす高台の放牧地では、牛たちがのんびりと草を食む姿が見られる。

M P.63

自然と癒しの情景

のどかで清々しい自然の中で見つけた癒しの情景。そこには無垢な生き物たちの姿があり、穏やかな島の風土と寄り添いながら生きている人たちがいる。はじめて訪れたのに、懐かしさを感じるのはなぜだろう。ほっと心が緩む瞬間、それこそが島旅の醍醐味なのかもしれない。

本島《ほんじま》

本島
香川県坂出市と岡山県倉敷市を結ぶ瀬戸大橋を一望することができる本島。青い海に映える橋の優美な姿と、島の集落のコントラストがひときわ美しい。まるで一幅の絵画のような趣。 M P.99

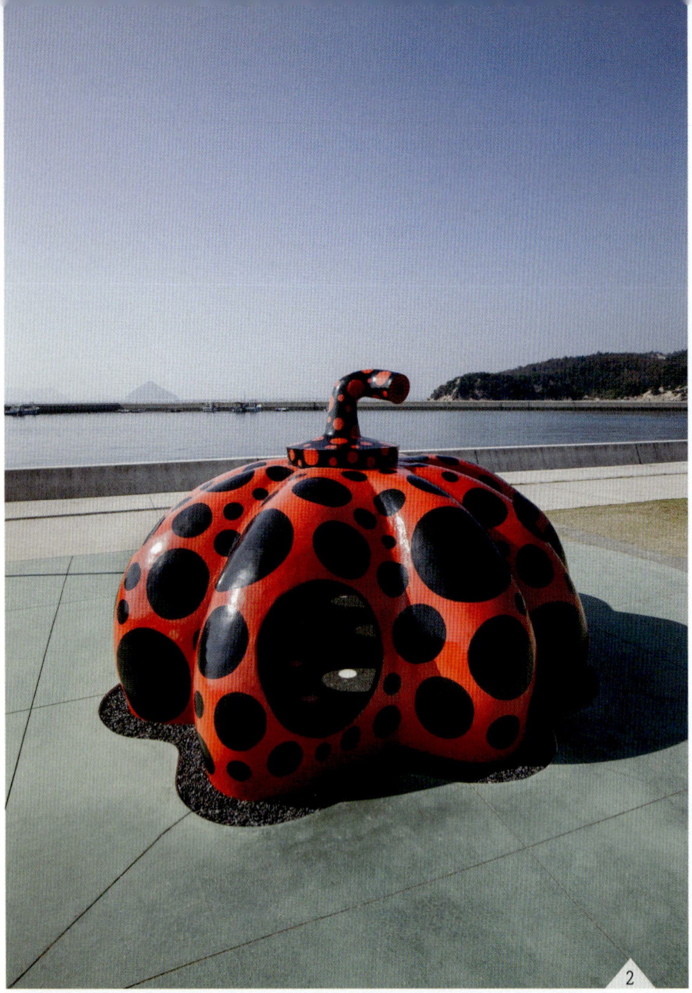

4：**洞雲山《どううんざん》**

小豆島

小豆島八十八ヶ所霊場第1番札所で、洞窟の中に押し込んだかのようにお堂がある。鬱蒼と生い茂る木々とひんやりとした空気に包まれて、しっとりとした時間を過ごすことができる。

M P.28 E-3

3：**双子浦展望台《ふたごうらてんぼうだい》**

小豆島

「讃岐十景」に選定されたビュースポット。エンジェルロードや小豆島の名前の由来になった「小豆島（あずきしま）」が一望できるほか、晴れた日には遠く屋島まで見えることもあるそう。

M P.28 C-3

2：**赤かぼちゃ《あかかぼちゃ》**

直島

宮浦港緑地の「赤かぼちゃ」は、草間彌生さんの作品。水玉の一部がくり抜かれており、中に入るとそこから屋外が見える仕掛け。

草間彌生「赤かぼちゃ」
2006年 直島・宮浦港緑地
写真／青地 大輔

M P.53 B-3

1：**素麺の門干し《そうめんのかどぼし》**

小豆島

小豆島の特産品である素麺の「門干し」は、天日でじっくりと麺を乾燥させる工程。お日様にあてることで麺が美しい白色になり、コシが生まれる。晴れた日には至る所で見られる光景。

7：オンバ《おんば》

男木島

「オンバ」とは、坂道が多い男木島で、荷物の運搬のために使われている手押し車のこと。アーティスト集団がカラフルにペイントしたオンバも増えており、ポップなデザインが目をひく。

6：オーテ《おーて》

女木島

冬場、オトシと呼ばれる北西からの季節風が吹き込む女木島。この風から家屋をお守るために築かれた石垣を「オーテ」と呼ぶ。集落をすっぽりと隠すような独特の景観が見どころ。

M P.78 C-3

5：男木島灯台《おぎじまとうだい》

男木島

「日本の灯台50選」の一つで、昭和32年に映画「喜びも悲しみも幾年月」のロケが行われた場所。灯塔は庵治石が用いられており、全国でも珍しい無塗装。男木島の北端に佇んでいる。

M P.79 C-1

定期航路運航開始

2019年春スタート

16 高松 ⟷ 大島

官用船を利用した定期便が運航。

〈お問い合せ〉瀬戸内国際芸術祭実行委員会事務局

☎087-813-2244

港から瀬戸内の島々へのアクセス

瀬戸内の島々をめぐるなら、船での移動も楽しみの一つ。

おだやかな海に浮かぶ島の風景を眺めながら、今から始まる島旅に思いを馳せてみましょう。

1 高松 ←→ 直島(宮浦)
2 宇野 ←→ 直島(宮浦)
3 宇野 ←→ 直島(本村)
4 直島(宮浦) ←→ 豊島(家浦) ←→ 犬島
5 高松 ←→ 直島(本村) ←→ 豊島(家浦)
6 宇野 ←→ 豊島(家浦) ←→ 豊島(唐櫃) ←→ 小豆島(土庄)
7 高松 ←→ 女木島 ←→ 男木島
8 高松 ←→ 小豆島(土庄)
9 高松 ←→ 小豆島(池田)
10 高松 ←→ 小豆島(草壁)
11 神戸(三宮新港) ←→ 小豆島(坂手)→高松(東港)
12 姫路 ←→ 小豆島(福田)
13 岡山(新岡山港) ←→ 小豆島(土庄)
14 岡山(日生) ←→ 小豆島(大部)
15 岡山(宝伝) ←→ 犬島
16 高松 ←→ 大島
17 高松 ←→ 宇野
18 丸亀 ←→ 牛島 ←→ 本島
19 多度津 ←→ 高見島 ←→ 佐柳島
20 詫間(須田･宮の下) ←→ 粟島(粟島･新上田) ←→ 志々島
21 丸亀 ←→ 広島(江の浦･青木) ←→ 小手島 ←→ 手島
22 観音寺 ←→ 伊吹島
23 牛窓 ←→ 犬島 ←→ 京橋
JR坂出駅前 ←→ 与島 ←→ 岩黒島
←→ 櫃石島 ←→ JR児島駅
2019年春
就航
新航路
23 牛窓 ←→ 犬島 ←→ 京橋
瀬戸内国際芸術祭の会期中のみ運航。
〈お問い合せ〉岡山京橋クルーズ
☎086-201-1703
JR児島駅
櫃石島
岩黒島
小与島
瀬戸大橋
与島
手島
小手島
広島
本島
牛島
沙弥島
佐柳島
21
18
高見島
19
JR坂出駅
丸亀港
多度津港
粟島
志々島
20
須田港
詫間港(宮の下)
伊吹島
22
観音寺港
N
0
5km
10km

2016年11月
OPEN
小豆島

ほろ苦い珈琲と海景色を

小豆島の東海岸の岩谷地区は、観光客の少ないエリア。「このきれいな景色を見てもらいたくて」。28歳でUターンした瀧下祐輔さんは、築100年の古民家を改装し、喫茶店を開いた。看板メニューは深煎りの珈琲と自家製のチーズケーキ。そして目の前の海景色。

潮風を感じながら

珈琲とブーケ《こーひーとぶーけ》。

香川県小豆郡小豆島町岩ヶ谷甲270-2
12:00 ～ 17:00　不定休（営業状況はInstagram、Facebookにて確認を）　草壁、坂手、福田の各港から車で約15分
M P.28 F-2

のんびり島のカフェ時間

新しくオープンした話題のカフェや、海のそばに建つロケーションカフェ、アートを身近に感じられるギャラリーカフェなどを紹介。島旅の途中に立ち寄って、ちょっと一息しませんか？

コーヒーをお供に 読書はいかが？

2017年4月 OPEN

直島

島に住む人と訪れる人が共に集える場所をと、店主が祖父母の古民家を改装して作ったお店。ミニ図書館ほどの本が並ぶ店内はゆったりとした雰囲気で、時間を忘れてくつろぎたくなる。リーズナブルなスイーツと一緒に、優しい味のコーヒーや紅茶を楽しもう。

アカイトコーヒー《あかいとこーひー》

香川県香川郡直島町2269
090-7974-3778　7:00 ～ 17:00頃
水曜（祝日の場合は営業）　宮浦港から徒歩3分　M P.53 B-3

上：ランチョンマットがデニムなのは、店主の前職のご縁から。中深煎りアアルトブレンドコーヒー（430円）、自家製ガトーショコラ(250円）／下：壁やテーブルの脚には古いスラグレンガが使われている

良いものに囲まれて ティータイム

2017年5月 OPEN

小豆島

古いそうめん工場をリノベーションした空間に並ぶのは、店主夫妻がセレクトした上質の「くらしのもの」。中でも目を引くのは、ご主人が害獣の皮革を活用して作ったバッグなど。ショッピングの合間、カフェスペースでいただくオリジナルハーブティーもカラダに沁みるおいしさ。

うすけはれ《うすけはれ》

香川県小豆郡小豆島町中山131-1
090-8284-6171　10:00 ～ 17:00
火、水曜（定期開催している企画展期間中は無休、詳細はSNSにて確認を）　池田港から車で約10分　M P.28 D-2

右：藍のお茶(450円）と本日の甘み(200円）／左：店主の上杉夫妻。お二人とゆったり会話をしながら過ごしたい

ただ今、ドリンクと スイーツで営業中

2017年4月 OPEN

小豆島

料理人であるご主人が体調をくずされているため、現在はドリンクとスイーツで営業中。でも「うちんく(我が家）のようにくつろいで欲しい」という想いはそのまま。奥様がおいしいケーキやランチメニューを提供しながらお店を守っている。洒落た空間のなか、うちんくタイムを。

キッチン《きっちん》 UCHINKU《うちんく》

香川県小豆郡小豆島町安田甲235-6
0879-62-8116　10:30 ～ 15:30（LO15:00）　土、日曜※営業時間と営業日は変更の可能性あり（ランチ再開予定あり）
草壁港から車で約5分　M P.28 E-3

上：濃厚なチョコの味わいが楽しめるクランブルガトーショコラ（450円）／下：奥様が焼くシンプルパンで軽い食事も

上：深煎りのマンデリン(450円）といつものチーズケーキ(350円）／中：自転車を停めてコーヒーを／下：時間が止まったような趣のある店内

島のカフェ時間 2
風景もあわせて楽しむ | ロケーションカフェ

海のそばに居場所を見つけて

小豆島

神奈川に住んでいた店主が、瀬戸内の景色を気に入り小豆島に移住し、店を開いたのは2017年の夏。店内のどこからでも海を眺められるが、特等席はビーチに面したデッキ。波音に耳を傾けながら、ただぼーっと海を眺める。おともには自家焙煎のコーヒーをどうぞ。

TODAY IS THE DAY -COFFEE AND CHOCOLATE-《とぅでぃ いず ざ でぃ こーひー あんど ちょこれーと》

香川県小豆郡小豆島町西村甲2019-2　050-5278-0568　facebookにて確認を　月、火曜　土庄港から車で約20分　M P.28 D-3

上：大きな窓は海景色へとつながっている／左下：香川県産の小麦粉を使った口溶けの良いパンケーキ。ベーシック(500円)、コーヒーとセットで100円引きに

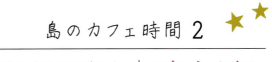

大きな窓から大部港桟橋を一望!

大部港の目の前にある、昔ながらのレトロな雰囲気の喫茶店。大きな窓からは大部港桟橋を一望でき、旅情も満点。名物は、どこか懐かしさを秘めた大盛りのイタリアンスパゲッティ。鉄板にのって熱々が運ばれてきて、大ボリュームでもペロリと完食することができる。

喫茶サンワ《きっささんわ》

香川県小豆郡土庄港大部3246-32
0879-67-2201　8:00～20:00
不定休　土庄港から車で約30分、または大部港から徒歩すぐ　M P.28 D-1

右:店は2階にあり窓からの眺めが最高／左:イタリアンスパゲッティ(600円)は、野菜もたっぷり

小豆島

直島の集落を眺めるひととき

本村(ほんむら)の集落を見下ろす高台にある古民家カフェ。ランチタイムには自家製トマトソースを使ったふわとろのオムライスが人気。終日食べられるデザートのほか、夜にはアルコールやおつまみメニューも登場。カフェとバーの両方で直島の旅をもてなしてくれる。

カフェサロン中奥《かふぇさろんなかおく》

香川県香川郡直島町本村(ほんむら)字中奥1167　087-892-3887　11:30～15:00、17:30～21:00　火曜、不定休
宮浦港から町営バス「農協駅前」下車、徒歩8分　M P.53 C-3

右上:店内にはゆったりくつろげる座敷スペースも／右下:イタリア産オーガニックトマトを使用したオムライス(800円)／左:カウンターの窓からは本村(ほんむら)の景色が見える

直島

オランダの風が吹く丘の上のカフェ

瀬戸内海を見下ろす小高い丘の上に、オランダ風車の可愛い建物。ここの名物は、オランダ風のパンケーキ。スイーツ系からミール系まで種類は豊富にあり、もっちりとした食感がクセになりそうなおいしさ。ふんわりとやさしい雰囲気をまとうママさんとの会話が楽しみ。

Dutch Café Cupid&Cotton《だっちかふぇ きゅーぴっど あんど こっとん》

香川県小豆郡小豆島町西村乙1765-7
0879-82-4616　11:00～17:00
(ランチLO13:30、カフェ LO16:30)
水、木曜　草壁港から車で約10分
M P.28 D-3

右:オランダの田舎から抜け出したようなお店／左:パンケーキベーコン+チーズ(800円)

小豆島

島のカフェ時間 3
暮らしにとけこむアートを目当てに ｜ アートカフェ

島の豊かな食材とアートを味わう

豊島

島で暮らすおかあさんたちが東京丸の内ホテルのシェフの協力を得て、島野菜や新鮮な魚で創意工夫を凝らした真心定食を提供。月に1度、テラス席では「島のお誕生会」を開催し、島民や来島者がゆったり食事を味わい、会話を楽しみながら交流できる場ともなっている。

島キッチン《しまきっちん》

香川県小豆郡土庄町豊島唐櫃1061　0879-68-3771
11:00 ～ 16:00（フードLO14:00、ドリンクLO15:30）
火～木曜（祝日は営業、季節により変動あり。島キッチン公式HPにて確認）　家浦港からシャトルバス「唐櫃集会所前」下車、徒歩3分　M P.63 C-2
http://www.shimakitchen.com

上：半屋外でゆったり過ごせる開放的な空間は、瀬戸内国際芸術祭2010に造られたアート作品
左下：鮮度の高い旬の魚や島野菜が味わえる島キッチンセット（1,620円）が人気

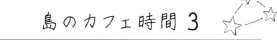

日本の美と自然に癒やされる

美術館内にあるラウンジ・カフェでは、東山魁夷画伯の作品を鑑賞した後、余韻を楽しみながらゆったりと過ごせる。画伯の祖父は坂出市櫃石島の出身。海側の窓からは瀬戸大橋や美しい島々が一望できる。コーヒーや抹茶とお菓子をいただきながら、心穏やかなひと時を。

カフェなぎさ《かふぇなぎさ》
（香川県立東山魁夷せとうち美術館内）《（かがわけんりつひがしやまかいいせとうちびじゅつかんない）》

香川県坂出市沙弥島字南通224-13
0877-44-1333(美術館代表) 9:30～16:30（LO16:00） 月曜（休日の場合は翌日）、臨時休あり 坂出駅から坂出市営バス「美術館前」下車、徒歩すぐ
M P.95 C-3

沙弥島

右：国際的建築家・谷口吉生氏の設計による建物そのものもアートな空間／左：ここでしか味わえない人気の銘菓「あまも」（140円）と抹茶（400円）

島文化に寄り添う不思議空間

美術家が運営するアートスペースの中にある、心和むカフェ。ソファーにゆったりと腰掛け、思い思いの時間を過ごしながら、島で採れた野菜や果実、魚介、そして自家製のパンやスイーツなどが楽しめる、旅の途中の止まり木のような空間。

てしまのまど《てしまのまど》

香川県小豆郡土庄町豊島家浦2458-2
10:00～17:30 火曜、不定休
家浦港から徒歩5分 M P.63 B-2
http://www.teshimanomado.com

豊島

右上：島魚が楽しめるままかり南蛮漬け定食（900円）／右下：海苔の作業場だった倉庫を改装
左：ギャラリー的要素もある素敵空間

現代アートとカラダよろこぶごはん

管理栄養士のオーナーによる季節の食材を使った料理が味わえるカフェ。テイクアウト用のスコーンも販売しており、手土産にもピッタリ。店内には国内外のアーティストの作品が飾られ、アートと料理を一緒に楽しむことができる。イギリスのクリエイター集団「Abake」デザインのロゴにも注目。営業時間の詳細はFacebookをチェック。

APRON《えぷろん》 CAFE《かふぇ》

香川県香川郡直島町777 090-7540-0010 11:00～15:30 月曜、不定休
宮浦港から町営バス「農協前」下車、徒歩3分 M P.53 C-3

直島

右：店内のいたるところからアートを感じることができる／左：季節のスペシャルランチ（1,580円）。肉か魚をチョイスして

佐々木良さん

作家、学芸員。豊島の歴史や産廃問題、アートについて執筆した「美術館ができるまで」は英訳化されるほどの人気。

島のおいしいを探して

小豆島カメラ

小豆島の暮らしの中で出会う素敵な人、豊かな食、美しい風景をOLYMPUSのカメラで切り取り、発信している。ウェブサイトは毎日更新中。
shodoshimacamera.com

地元の人に聞いたおすすめの店

新鮮な旬の魚介やオリーブを使ったメニューから、もちもちとした食感の生そうめん、地元で愛され続けるお菓子まで、多彩な味覚が勢ぞろい。
海の幸も山の幸も、お店の人たちの飾らない笑顔といっしょに味わって。

1 魚料理

1.メイタガレイと島野菜のアクアパッツァ（1,600円）KAINA ／ 2.ひしお丼（1,030円）大阪屋／ 3.ミニコース「はしり」（2,000円・税抜）創作郷土料理 暦／
4.瀬戸内鮮魚のランチ（1,600円）海のレストラン

1 小豆島

島の旬を盛り込んだスイーツは、おやつの時間にもオススメ！

小豆島カメラ

天然酵母を使った絶品パンは売り切れ御免。島の「まめまめビール」の麦汁を使うパンも人気

KAINA《かいな》

島の市場で仕入れた地元の食材に、イタリアからの素材をかけ合わせた料理が味わえる、優しい雰囲気のイタリア食堂。島の魚を食べてもらいたいというご主人が、旬の魚介でつくるアクアパッツァは、奥様が焼く全粒粉のパンとほんのり甘いブリオッシュ、季節に合わせた自家製の前菜５種のセット。

香川県小豆郡小豆島町堀越甲456-1　0879-82-0022　月、火、木曜11:00～18:00、金、土、日曜11:00～21:30　水曜　坂手港から小豆島オリーブバス「堀越」下車、徒歩すぐ　M P.28 E-3

2 小豆島

ごはんも島民気分もガッツリと！地元の常連客に愛される食堂

小豆島カメラ

壁いっぱいを埋め尽くすメニューの数々は圧巻。魚も肉もいただける

大阪屋《おおさかや》

島内外にファンを持つ港の定食屋。島の市場や地元の漁師から直接買い付けた近海でとれる旬の魚が、ふんだんに使われているひしお丼は、素麺が入った汁物、小鉢、お漬物がついてお腹も心も大満足。島ハモを味わえる「ハモの玉子とじ丼(870円)」も人気。

香川県小豆郡小豆島町坂手171-29　0879-82-2219　11:00～LO15:30　水曜（春・夏・冬休みは無休）　坂手港から徒歩3分　M P.28 E-3

3 小豆島

落ち着いた雰囲気の店内でお昼から贅沢な気分になれます

小豆島カメラ

島を代表する作家、壺井栄の作品に登場する料理を現代風にアレンジしたメニューも

創作郷土料理《そうさくきょうどりょうり》 暦《こよみ》

島の近海で獲れた新鮮な魚、野菜や米などの豊かな食材と、素麺、佃煮、醤油、オリーブ、ごま油など、島の歴史ある特産品。それらをかけ合わせ、手間ひまかけて作られた季節感あふれる創作料理が楽しめる。一つひとつの料理に込められたエピソードも楽しい。

香川県小豆郡小豆島町西村甲1816-1　0879-62-8234　11:30～14:00（LO13:30）、18:00～21:00※要予約　月、火曜（祝日は営業）　草壁港から小豆島オリーブバス「オリーブ公園口」下車、徒歩2分　M P.28 D-3　https://koyomishodoshima.jimdo.com/

4 豊島

隣にオープンした「ウミトタ」に泊まって、豊島の朝を迎えるのは贅沢極まりない！

佐々木良さん

ディナーは特別コース3,500円から（写真は鰆の炙り醤油仕立て）

海のレストラン《うみのれすとらん》

海の幸も、山の幸も、豊島で採れた食材が中心の和食の店。ランチは、瀬戸内の旬の魚か、瀬戸内のお肉がチョイスできる。豊島に行ったら、ここを訪れるだけでも大満足！船のデッキをイメージした店内で海を眺めながら、ゆっくりとした時間を過ごそう。

香川県小豆郡土庄町豊島家浦525-1　0879-68-3677　11:00～15:00、15:00～17:00（LO16:30）、18:00～21:00（要予約）　不定休　家浦港から徒歩15分　M P.63 B-1　http://www.chc-co.com/umi

2
島麺

小豆島
④ 小豆島ラーメン hishio

1.生素麺(並盛・600円) なかぶ庵/ 2.オリーブ牛のボロネーゼ(1,404円) 忠左衛門/ 3.天おろしうどん(970円) 三太郎/ 4.醤そば(780円) 小豆島ラーメン hishio 小豆島エンジェルロード店

3 小豆島

揚げたての天ぷらがのったうどんが、
無性に食べたいっ！という時に！
小豆島カメラ

生うどんは持ち帰りもできる。
太切300円、細切330円(各2人前)

三太郎《さんたろう》

草壁港からすぐそばでアクセスもよく、島民や観光客で賑わう。一番人気は天おろしうどん。揚げたてのえびの天ぷらがのってボリュームたっぷり。もっちりと弾力の強い麺とかつお、いりこ、こんぶの合わせダシを使ったスープが絶妙な味。もう一度食べたくなるおいしさ。

香川県小豆郡小豆島町草壁本町字松山1053 0879-82-4719 10:30～14:00 火曜 草壁港から徒歩すぐ M P.28 E-3

1 小豆島

わざわざバスに乗って食べにくる
人がいるのも頷けるやみつきの味
小豆島カメラ

店内からは、工場の様子も覗けます。
素麺が風に揺られて並ぶ姿は美しい

なかぶ庵《なかぶあん》

工場に隣接するお店では、島でも珍しい生素麺が食べられて、他では味わえないもちもちプリプリの新食感を味わえます。製造工程を間近で見られる臨場感に加え、麺に練り込まれる梅や柚子の香りが漂ってくることも。さまざまな種類の素麺があり、おみやげにも最適。

香川県小豆郡小豆島町安田甲1385 0879-82-3669 10:00～LO14:00頃（なくなり次第終了）※予約推奨／箸分け体験10:00～14:00 ※要予約 月曜、年末年始（祝日の場合は営業、翌日休） 坂手港から小豆島オリーブバス「安田」下車、徒歩20分 M P.28 E-3

4 小豆島

エンジェルロードが見渡せる、
開放的なテラスも大人気！
小豆島カメラ

平日ランチタイムの炙りチャーシュー醤丼セット(950円)も人気

小豆島《しょうどしま》ラーメン《らーめん》 hishio《ひしお》
小豆島エンジェルロード店

たっぷりの野菜を、小豆島産の新鮮なカタクチイワシと杉樽仕込みの醤油でじっくり煮込んだ自慢のスープは、まろやかで風味豊か。味のアクセントになるもろみのオリーブ煮も、小豆島産オリーブオイル使用。小豆島醤油だけで作る、とろとろチャーシューにファン多し。

香川県小豆郡土庄町甲24-18 0879-62-8720 11:00～14:00、17:00～21:00 水曜（臨時営業あり） 土庄港から小豆島オリーブバス「国際ホテル」下車、徒歩すぐ M P.29 B-3

2 小豆島

テーブルにある数種類のオリーブオイルは
お好みでトッピング。農園直営ならではです
小豆島カメラ

ハニートースト(702円)。サクッとした食感と甘みのバランスがたまらない

忠左衛門《ちゅうざえもん》

デュラム粉を手延べそうめん製法で仕上げた麺は、もっちりとしたコシが特徴。旨味たっぷりのオリーブ牛にじっくり煮込んだソースを絡ませ、素揚げしたナスと共に味わえる自慢の一品。店内からは、瀬戸内海とオリーブ畑が一望できる。

香川県小豆郡小豆島町蒲生甲61-4 0879-75-1188 11:00～16:00（LO15:00）、土曜は11:00～21:30（LO20:30） ※臨時延長営業あり 無休 池田港から徒歩10分 M P.28 C-3
https://www.inoueseikoen.co.jp

3
テイクアウト

1.コロッケ（90円）岡田屋商店 ／2.オリーブとんバーガー（550円）道の駅レストラン サン・オリーブ ／3.野の花弁当（テイクアウト用、1,080円）創作料理 野の花
4.直島バーガー（640円）maimai ／5.酒粕あんこ（280円）、甘焦がし醤油あげパン（180円）MORIKUNI BAKERY ／6.たこ焼き（500円）たこ焼きふうちゃん

1 小豆島

棚田が広がる肥土山地区にある商店。畦道の散歩ついでに立ち寄ろう

小豆島カメラ

岡田屋商店《おかだやしょうてん》

新鮮な地魚をリーズナブルに買えることで島民からも愛される商店。素朴なおいしさのコロッケはどこか懐かしい気持ちになる。他にも串カツ(105円)、ミンチカツ(120円)など惣菜が豊富に並んで嬉しい。日替りでばら寿司などが出る。

香川県小豆郡土庄町肥土山1866 0879-62-0702 8:00～20:00、冬は19:30まで 第3日曜 土庄港から小豆島オリーブバス「肥土山」下車、徒歩すぐ M P.28 C-2

2 小豆島

豚の鼻のバンズを顔の前に持ってきて写真を撮るのも楽しい

小豆島カメラ

道の駅レストラン《みちのえきれすとらん》 サン・オリーブ《さんおりーぶ》

豚の鼻の焼き印がかわいいオリーブとんバーガーには、オリーブ豚のハンバーグを使用。バンズにはオリーブの葉のパウダーが入り、ハンバーグは特製の醤油ソースがかかっている。そのほかテイクアウトメニューの郷土料理のかきまぜごはんも人気。

香川県小豆郡小豆島町西村甲1941-1 0879-82-2200 11:00～19:30(LO18:30) 水曜 草壁港から小豆島オリーブバス「サン・オリーブ」下車、徒歩すぐ M P.28 D-3

3 小豆島

山で、浜辺で、船の中で。島の絶景とともに、味わおう

小豆島カメラ

創作料理《そうさくりょうり》 野の花《ののか》

素材の味を大切にし、一品一品丁寧に作られた料理が約10種類。小豆島の旬がギュッと詰まった、宝石箱のようなお弁当。自家製にこだわり、無添加や減塩など、細かな部分に気を使っているのも人気の理由。

香川県小豆郡小豆島町室生892-1 0879-75-2424 11:45～14:30(LO13:30)、18:00～21:30(要予約) 水曜、第3火曜、不定休 土庄港から小豆島オリーブバス「赤坂」下車、徒歩3分 M P.28 D-3

4 直島

気軽に立ち寄れるお店。チーズをトッピングするのがオススメ!

佐々木良さん

maimai《まいまい》

直島で愛されて10周年。直島ハマチのブランドで全国に知られるほど、ハマチは直島の特産物。ふわふわのバンズに、サクッと揚げたハマチのフライを挟んだバーガーは、子どもから大人まで楽しめる。直島のお塩「SORA SHIO」を使って瀬戸内の味に!

香川県香川郡直島町本村750 090-8286-7039 10:00～17:00 月曜、不定休 宮浦港から町営バス「農協前」下車、徒歩2分 M P.53 C-3

5 小豆島

朝9時から営業なので朝食にもばっちり。コーヒー片手にゆったりと

小豆島カメラ

MORIKUNI BAKERY《もりくに ベーかりー》

米粉の甘い風味ともっちりした食感、ほんのり甘酒が香るコメコッペは酒蔵が運営するパン屋さんならでは。看板メニューのあんこや時折並ぶスコーンには、なんと酒粕を使用。島の食材を意識した6～8種類を揃え、シェフの気まぐれで作る季節の食材を使ったおかず系のものも。

香川県小豆郡小豆島町馬木甲1010-1 0879-62-9737 9:00～17:00 木曜、第2・4水曜 坂手港から小豆島オリーブバス「苗羽」下車、徒歩5分/坂手港から自転車で約15分 M P.28 E-3

6 直島

フェリーの待ち時間に、夕日を見ながらどうぞ。ビールと相性抜群です

佐々木良さん

たこ焼きふうちゃん《たこやきふうちゃん》

瀬戸内海は言わずと知れたタコの名産地。たこ焼きふうちゃんで使われるのは、あら塩で炊いたぷりぷりの直島産のタコ。海を見ながら食べるひとときは、直島の旅行の思い出になるはず。多くのアーティストにも愛されたたこ焼きは500円。

香川県香川郡直島町宮浦2249-7 090-6435-3615 13:00～18:00頃 月曜(祝日の場合は営業、翌日休) 宮浦港から徒歩すぐ M P.53 B-3

4 おやつ

1.ジェラート3種盛り（500円）MINORI GELATO ／ 2.ワンプレートのデザート（500円）と 紅茶（500円）simasima ／ 3.直島銅形せんべい（400円）恵井高栄堂
4.ケーキセット（700円）カフェいっぽ／ 5.かき氷（450円）いちご家／ 6.女文楽最中（140円）と恋わすれ貝最中（110円）イワタコンフェクト

1 小豆島

意外な野菜がジェラートになるのが、いつも楽しみ♪

小豆島カメラ

MINORI GELATO《みのりじぇらーと》

小豆島の旬の果物や野菜が味わえるジェラート店。フレーバーは、醤油や酒粕、ミルク、チョコなど定番商品に加えて、旬のフルーツや野菜などの季節限定商品が常時12～16種並ぶ。素材感を大切に作られていて、素材そのものの風味が濃厚でおいしい。

香川県小豆郡小豆島町草壁本町1055-2　0879-62-8181　10:00～19:00　木曜、第1・3水曜　草壁港から徒歩すぐ　M P.28 E-3
http://minorigelato.com/

2 犬島

瀬戸の島の食材をつかった料理で、旅行気分が味わえる

佐々木良さん

simasima《しましま》

瀬戸内国際芸術祭の会場では、唯一岡山県の島・犬島。岡山県はマスカットや桃で有名なフルーツ王国。犬島でもキンカンなど柑橘の果物が採れ、季節によってマフィンやジュースで楽しめる。夏のメニュー「甘酒のアイス」は、島のおばあちゃんにも人気。

岡山県岡山市東区犬島340　080-2885-1711　11:30～15:15
不定休　犬島港から徒歩4分　M P.85 D-2

3 直島

直島は銅の精錬所で栄えた島。銅形の由来はここから

佐々木良さん

恵井高栄堂《えいこうえいどう》

直島生まれの店主が、一つひとつ丁寧に手焼きしたせんべい。手焼きしている店は全国でも有数。数種類ある商品の中でも、一番人気の「銅形せんべい」は、直島のお土産に最適。家プロジェクトに行った際にはぜひ！島のおじいちゃんの優しい味。

香川県香川郡直島町891-3　087-892-3217　不定　不定休
宮浦港から町営バス「役場前」下車、徒歩10分　M P.53 C-2

4 直島

路地を「一歩（いっぽ）」入ったところに、お店があります

佐々木良さん

カフェいっぽ《かふぇいっぽ》

家プロジェクト「南寺」にほど近いカフェ。直島で生まれ育った店主の店で、島のお家に遊びにきたような雰囲気が楽しめる。砂糖や卵不使用のケーキは、しっとりとした舌触りで海外の方にも人気。併設の民宿に泊まると、直島生活を堪能できそう。

香川県香川郡直島町本村696-3　090-6976-9176　8:00～16:00
月曜　宮浦港から町営バス「農協前」下車、徒歩3分　M P.53 C-3

5 豊島

ジャムやソースは、お土産にすると喜ばれますよ！

佐々木良さん

いちご家《いちごや》

いちごのシーズンには、採れたての新鮮ないちごをふんだんに使ったパフェとクレープが大人気。夏には、ふわふわのカキ氷がおすすめ。家浦港から徒歩圏内。アートを堪能した後は、豊かな島のいちごを堪能してみてはいかが？

香川県小豆郡土庄町豊島家浦2133-2　0879-68-2681　12:00～17:00（土日祝日は11:00～17:00）　火曜（冬季は火・水・木曜）
家浦港から徒歩5分　M P.63 B-2

6 直島

ロールケーキは島の人に大人気。直島に泊まった際には、ぜひ

佐々木良さん

イワタコンフェクト《いわたこんふぇくと》

ロールケーキなど店内にはおいしいお菓子が並ぶ。ずっしり粒あんが入っている「恋忘れ貝最中」は、見た目もかわいくて、学校や職場へのお土産には最適。かつて直島にあった、恋を忘れることができる貝の伝説にちなんで名付けられた。

香川県香川郡直島町宮浦2310-1　087-892-3179　8:00～20:00
不定休　宮浦港から徒歩5分　M P.53 B-3

小豆島

Shodoshima

●食事 ●アート作品 ●見どころ ●宿泊 ●その他

⊗学校 ⛩神社 卍寺院 ☒警察署 〒郵便局 バス停 88 小豆島八十八ヶ所霊場

0 1,000m 2,000m

小豆島 ひとこと ガイド

- 県道26号海岸線ドライブもオススメ
- ワークショップで島の魅力を満喫！
- 電動アシストのレンタサイクルが便利

島あるき裏話

小豆島観光協会の方に案内してもらった屋形崎。周辺は、夏はあんず、秋から冬にかけてはレモンが実る美しいスポットに整備されています。

ライター／本田亜由美

☑ 醤の郷

近代化産業遺産に認定されている「マルキン忠勇」の醤油蔵群など、国内最大級の醤油蔵群が並ぶ「醤の郷」。醤油の菌で真っ黒になった屋根瓦や板塀が、醤油の街ならではの風情を醸している。お土産処や佃煮屋さんなどもあり、散策しながら醤油グルメも満喫できる。苗羽醤油蔵通り散策路、馬木散策路という散歩道があるのでのんびり歩いてみよう。

☑ 迷路のまち

迷路のように複雑で入り組んだ路地が残る土庄町の中心部、土庄本町。中世の瀬戸内海で活動した海賊の侵入を防ぐためか、南北朝時代の戦乱に備えて、このような町が形成されたといわれている。朱色の三重塔がそびえる西光寺を目印として、石積みの塀や昔ながらの住まいが残るレトロな町並みを散策。ふらりと暖簾を上げるお店に立ち寄ってみるのもいい。

行ってみてね！

地域の人々が守る絶景 屋形崎夕陽の丘

島の北側の海岸線にある屋形崎は夕陽の名所。地域有志による「夕陽の丘継承会」が設置したウッドデッキがベストポイント！

小豆島八十八ヶ所霊場

| 霊場総本院 | 第1番 洞雲山 | 第2番 碁石山 | 第3番 観音寺 | 第4番 古江庵 | 第5番 堀越庵 | 第6番 田ノ浦庵 | 第7番 向庵 | 第8番 常光寺 | 第9番 庚申堂 | 第10番 西照庵 | 第11番 観音堂 | 第12番 岡之坊 | 第13番 栄光寺 | 第14番 清滝山 | 第15番 大師堂 | 第16番 極楽寺 | 第17番 一ノ谷庵 | 第18番 石門洞 | 第19番 木ノ下庵 | 第20番 佛ヶ滝 | 第21番 清見寺 | 第22番 峯之山庵 |
| 奥の院 隼山 |

| 第23番 本堂 | 第24番 安養寺 | 第25番 誓願寺庵 | 第26番 阿弥陀寺 | 第27番 櫻ノ庵 | 第28番 薬師堂 | 第29番 林庵 | 第30番 正法寺 | 第31番 誓願寺 | 第32番 愛染寺 | 第33番 長勝寺 | 第34番 保寿寺庵 | 第35番 林庵 | 第36番 釈迦堂 | 第37番 明王堂 | 第38番 光明寺 | 第39番 松風庵 | 第40番 保安寺 | 第41番 佛谷山 | 第42番 西ノ瀧 | 第43番 浄土寺 | 第44番 湯舟山 | 第45番 地蔵寺堂 | 第46番 多聞寺 |

| 第47番 栂尾山 | 第48番 毘沙門堂 | 第49番 東林庵 | 第50番 遊苦庵 | 第51番 宝幢坊 | 第52番 旧八幡宮 | 第53番 本覚寺 | 第54番 宝生院 | 第55番 観音堂 | 第56番 行者堂 | 第57番 浄源坊 | 第58番 西光寺 | 第59番 甘露庵 | 第60番 奥の院 誓願の塔 | 第61番 浄土庵 | 第62番 江洞窟 | 第63番 大乗殿 | 第64番 蓮華庵 | 第65番 松風庵 | 第66番 光明庵 | 第67番 等空庵 | 第68番 瑞雲堂 | 第69番 松林寺 | 瑠璃堂 |

| 第70番 長勝寺 | 第71番 滝ノ宮堂 | 第72番 瀧湖寺 | 第73番 救世堂 | 第74番 奥の院 笠ヶ瀧 | 第75番 大聖寺 | 第76番 金剛寺 | 第77番 歓喜寺 | 番外 奥の院 三暁庵 | 第78番 藤原寺 | 第79番 薬師庵 | 第80番 観音庵 | 第81番 恵門ノ瀧 | 第82番 吉田庵 | 第83番 福田庵 | 第84番 雲海寺 | 第85番 本地堂 | 第86番 当浜庵 | 第87番 海庭庵 | 第88番 楠霊庵 |

- 石井レンタサイクル P.124
- Café&Dining OASIS P.48
- doni'sbar P.31
- カレーキッチンポパイ P.31
- ライフイズビューティフル P.31
- ホテルグリーンプラザ小豆島 P.109
- 迷路のまち P.30
- たこやきnoばあーMAZE with 迷路のまち P.31
- 405CAFE P.48
- 妖怪美術館 P.49
- 土庄港観光センター P.124
- 小豆島安全レンタカー土庄港 P.124
- 銀四郎麺業 P.31
- おおみねのうどん屋さん P.31
- 重岩 P.6
- ビーチサイドホテル鹿島荘 P.108
- 手ぶら観光サービス P.49
- 江洞窟 P.42
- 樹齢千年のオリーヴ大樹 P.7
- 霊場総本院 P.41
- チェレステ小豆島 P.108
- 西光寺 P.44
- 小豆島グランドホテル水明 P.109
- 小豆島安全レンタカー P.124
- 小豆島ラーメンhishio エンジェルロード店 P.22
- 小豆島国際ホテル P.111
- エンジェルロード P.5

海から伝わるものがたり

小豆島 港めぐり

瀬戸内海で２番目に大きな島である小豆島。
島内には6つの港があり、香川、岡山、兵庫の3県とつながっている。
そんな港を中心に巡ってみたら、どんな発見があるのだろう？
趣の異なる6つの港を起点に、フィールドワークを敢行！

土渕海峡

まち歩きは「迷路のまち」から

土庄港《とのしょうこう》

海の交易やお遍路信仰の玄関口として栄えた歴史を持ち、港から20分ほど歩けば、海賊や戦乱に備えてつくられた迷路のように入り組んだまち並みが今も残っている。

モノノケ堂

迷路のまちの本屋さん

小豆島霊場八十八ヶ所
第58番 西光寺

迷路のまちの酒屋さんの
地下には、隠れ家
ワインバーがありました

doni'sbar《とにずばー》

香川県小豆郡土庄町旭海岸通 0879-62-1306 (エスポアおおもり) 18:00～22:00 (LO21:30) 火曜、第1水曜 (事前問い合わせを) 土庄港からバス利用、土庄本町バス停から徒歩約3分
M P.29 B-3、P.30 C-3

ワインを中心に揃える酒店「エスポアおおもり」の地下に広がるのは、保管庫をリノベしたワインバー。ソムリエであるオーナーが産地を訪ね厳選した自然派ワインが楽しめる。奥様お手製のワインに合う料理とともに、夜の小豆島を満喫。

オーナーが揃えたワインがずらりと並ぶ店内。壁面には店を訪れた客のサインも

たこ焼きは6個1舟500円 (写真は12個入)。5種のソースで味わえる

関西人のマスターが、
小豆島を味わうたこ焼き&
バーを始めたら…

移住先を求め、全国各地を訪ねたマスターがたどり着いた、迷路のまち。築110年にもなる古民家を活用し、念願の「たこやきnoばあー」を開いた。小豆島そうめんにも使われる小麦粉や島醤油などを使い、3日間かけて生地を仕込むたこ焼きは、もっちり、ふわぁのおいしさ。

たこやき no ばあー MAZE with 迷路のまち《たこやきのばあーめいず うぃず めいろのまち》

香川県小豆郡土庄町本町甲345-1
090-3848-2007 11:00～22:00 (LO21:30) 火曜、不定休
土庄港から車で約6分
M P.29 B-3、P.30 C-3

靴を脱いでゆっくりと過ごせるスタイル。夜は豊富なアルコールで乾杯!

約400年続く伝統の味
小豆島手延べそうめんを
守り伝える名店

小豆島特産の手延べそうめんを製造する銀四郎麺業の食事処では、数量限定で生そうめんが味わえる。かがわ県産品コンクールで最優秀賞を受賞したオリーブそうめんもおすすめ。

銀四郎麺業《ぎんしろうめんぎょう》

香川県小豆郡土庄町甲5165-94 0879-62-1868
9:00～17:00頃 (日曜、祝日は11:00～15:00頃)
不定休 土庄港から徒歩すぐ
M P.29 B-3、P.30 B-2

製麺業を営むおおみねが
さぬきの夢を使った
うどんを良心的に提供!

小豆島で本場讃岐うどんや小豆島手延べそうめんなどを製造する「小豆島 麺匠 おおみね」直営のうどん屋さん。香川県のブランド小麦「さぬきの夢」を使ったうどんが製麺所ならではの良心的価格で味わえる。

おおみねのうどん屋さん《おおみねのうどんやさん》

香川県小豆郡土庄町甲5164 0879-62-1147
11:00～14:00 水曜
土庄港から徒歩10分
M P.29 B-3、P.30 B-2

カレーキッチン ポパイ《かれーきっちんぽぱい》

香川県小豆郡土庄町渕崎甲1386-8 090-1323-9632
11:00～15:00、17:00～20:00 (LOは各30分前) 不定休
土庄港から車で約5分
M P.29 B-3、P.30 C-2

スープカレー発祥の地、北海道札幌市から移住した店主。小豆島と北海道の融合をテーマに、小豆島の醪《もろみ》や瀬戸内海のいりこ、北海道の味噌、昆布などからダシをとり、20種以上のスパイスを加えたスープカレーを編み出した。野菜たっぷりドライカレーも好評。

写真のメニューは「やわらか骨付きチキンのスープカレー」(900円)

小豆島と北海道のコラボに
より誕生したスープカレーを
ご賞味あれ!

ライフイズ ビューティフル《らいふいずびゅーてぃふる》

香川県小豆郡土庄町渕崎甲1386-8 050-1391-1416 11:00～17:00 (夏期は～18:00) 無休 土庄港から車で約5分 M P.29 B-3、P.30 C-2

濃厚な北海道ソフトクリーム (350円) に、+100円から旬の果物トッピングを用意

季節のフルーツたっぷり!
北海道ミルクのソフト
クリームでひと休み

カレーキッチンポパイのお隣にある、食後のお口直しにもぴったりのスイーツ店。北海道の生乳で作った濃厚なミルクソフトに、小豆島の季節のフルーツをたっぷりトッピングしたソフトクリームが名物。島の風景を切り取った写真が飾られた店内でゆっくりと。

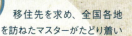

池田港《いけだこう》

真っ赤な太鼓台形の待合所が印象的な池田港。北へ上ると棚田が広がる中山地区、南へ下ると三都半島と、南北に長いので車や路線バスで巡るのがおすすめ。

農村歌舞伎に棚田…
日本の原風景に出合う

小高い丘に残る
島最大の立派な桟敷で
お祭り見物!

野天桟敷《やてんさじき》
（池田の桟敷《いけだのさじき》）

香川県小豆郡小豆島町池田亀山八幡宮　池田港から車で約3分
M P.28 C-3、P.32 B-2

亀山八幡宮の太鼓祭りを見物するために築かれた、石垣づくりの桟敷。瀬戸内の地形を巧みに利用し、石を野面積みにした長さ80m、高さ約18mの立派な桟敷は、まるで古代ギリシアの野外劇場のよう。毎年10月16日の例大祭には、大勢の見物客で賑わう。

小豆島最古の
天空霊場は霊水湧く
パワースポット

小豆島霊場八十八ヶ所の第42番札所。洞窟にたてられた本堂には、「龍水」といわれる霊水が湧いている。境内からはエンジェルロードも一望でき、特に断崖に建つ護摩堂からの眺めは格別。毎月28日朝6時より行われる護摩体験は参加無料。

小豆島霊場八十八ヶ所 第42番 西ノ瀧《にしのたき》

香川県小豆郡小豆島町池田558　0879-75-1818　池田港から車で約15分
M P.28 C-2、P.32 B-2

初秋には黄金色に輝く稲穂が頭を垂れ、収穫のときを待つ

日本の原風景が残る
千枚田は、四季折々の
美しさに癒やされる

中山の棚田《なかやまのたなだ》

香川県小豆郡小豆島町中山
池田港から車で約15分
M P.28 C-2、P.32 B-1

小豆島の中央に位置する中山地区には、日本の棚田百選にも選ばれた700枚を超える田んぼが広がっている。7月には虫送り、5月には肥土山で、10月には中山で300年以上続く農村歌舞伎が行われるなど、田舎の風習が今も受け継がれている。

島の人も観光客も
みんながホッとくつろげる
場所で味わう島ごはん

野菜たっぷりのおかずにご飯、みそ汁付の今日のごはん(1,100円)

「人が集まる場所をつくりたい」との想いから、小豆島にUターンした柿崎さんが開いたお店。古民家を改築した温かみのある空間で、島で採れた野菜や果物をふんだんに使った手づくりごはんやスイーツを提供している。

タコのまくら《たこのまくら》

香川県小豆郡小豆島町池田1336
0879-62-9511　11:30〜17:00（食事LO14:30、飲み物LO16:30）
火、水、木曜　池田港から車で約2分　M P.28 C-3、P.32 B-2

2018年7月オープン!
オリーブオイルに合う
焼きたてパンの店

ベーカリー&カフェ《べーかりーあんどかふぇ》 菊太郎《きくたろう》

香川県小豆郡小豆島町池田2267-5　0879-75-1369　パン工房・直売所10:00～14:00　火曜
※カフェの営業についてはお問い合わせを　池田港から車で約10分
M P.28 C-3、P.32 B-2

井上誠耕園の本格ベーカリー。オリーブオイルをつけておいしく食べるためのパンづくりにこだわり、焼き上げた生食パンはふわふわもっちり!カフェでは、焼きたて生食パンを使った多彩なメニューが揃うので、オリーブ園の真ん中で贅沢にいただこう。

パンに合うオリーブオイルやジャムも並ぶ

オリーブと醤《ひしお》の香りに包まれて

草壁港《くさかべこう》

白亜の壁の建物やヤシの木などの景色が広がる、異国情緒たっぷりの草壁港周辺エリア。東にゆけば「醤の郷」で有名な醤油のまちがあり、島の恵みをまるっと体感できる。

焼杉の壁が印象的な古い酒蔵が建つ通りを自転車や歩きで巡ろう

古い醤油蔵が残る醤油のまちを探索しよう

400年以上前より醤油づくりが行われてきた小豆島。その中心として栄えてきたのが、醤油蔵や佃煮工場が軒を連ねる「醤の郷」。今も伝統ある木桶仕込みが行なわれており、情緒あふれる蔵並みが印象的だ。

醤の郷《ひしおのさと》

香川県小豆郡小豆島町　草壁港から車で約10分

地元で愛される優しいおやつにほっこり

オムレットサンド（248円）

明治時代から続く和菓子の老舗。島でのお祝いごとには必ず登場するといわれる「オムレットサンド」は、栗入りの生クリームをスポンジでサンドしたロングセラー。生クリームとスポンジのふわふわ感を味わって。

平和堂《へいわどう》

香川県小豆郡小豆島町苗羽甲1411-1
0879-82-0357　8:00～17:00
火曜　草壁港から車で約7分
M P.28 E-3、P.34 D-3

甘じょっぱいおいしさがクセになる醤油ソフト

醤油みたらしソフトクリーム（300円）

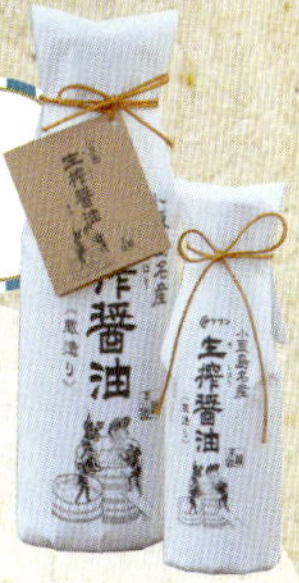

現在も杉桶仕込みで醤油づくりを行う、小豆島の佃煮発祥の老舗醤油蔵。店内にはその歴史を紹介したパネル展示やショップがあり、醤油やもろみを使用したソフトクリームが味わえるカフェスペースも。

タケサン記念館《たけさんきねんかん》小豆島佃煮の郷《しょうどしまつくだにのさと》 一徳庵《いっとくあん》

香川県小豆郡小豆島町苗羽甲2211
0879-82-1000　9:00～17:00
無休　草壁港から車で約10分
M P.28 E-3、P.34 C-3

島に惚れ込んだシェフが提案する小豆島イタリアン

東京・六本木や兵庫県・西宮などで修業を積んだシェフが小豆島に移り住み、小高い丘に小さな隠れ家レストランを開いた。自家菜園で育てた四季折々の野菜や島の食材を使用した小豆島ならではのイタリアンを創作。

目でも楽しめる美しいお料理をコースで

Ristorante《りすとらんて》 FURYU《ふりゅう》

香川県小豆郡小豆島町草壁本町872-2　0879-82-2707　17:30～21:00（予約制）　木曜、第1・3水曜　草壁港から徒歩約7分　M P.28 E-3、P.34 C-2

季節の彩りやおいしいが伝わる場所

小豆島野菜たっぷりプレートランチ（1,000円）

オリーブ染め工房《おりーぶそめこうぼう》 木の花《このはな》 カフェ《かふぇ》 ラ・モーヴ《らもーゔ》

香川県小豆郡小豆島町西村甲1843-2
0879-82-5991　10:00～17:00（カフェは11:00～）　火曜、第1・3水曜　草壁港から車で約7分
M P.28 D-3、P.34 B-3

オリーブ染め製品や作家によるアクセサリー、ガラス作品などの小豆島雑貨を扱う「木の花」にカフェ「ラ・モーヴ」を併設。ホッとする空間で、地元野菜や自家製ハーブ、手づくりパンを使ったランチや自家製スイーツをどうぞ。

坂手港《さかてこう》

神戸～坂手～高松間を運航する定期船が就航。ヤノベケンジ氏の作品が存在感を放っている。小豆島ツアーズによるまち歩きやシーカヤックなども楽しい!

坂のまちは路地裏散策が楽しい

坂手港

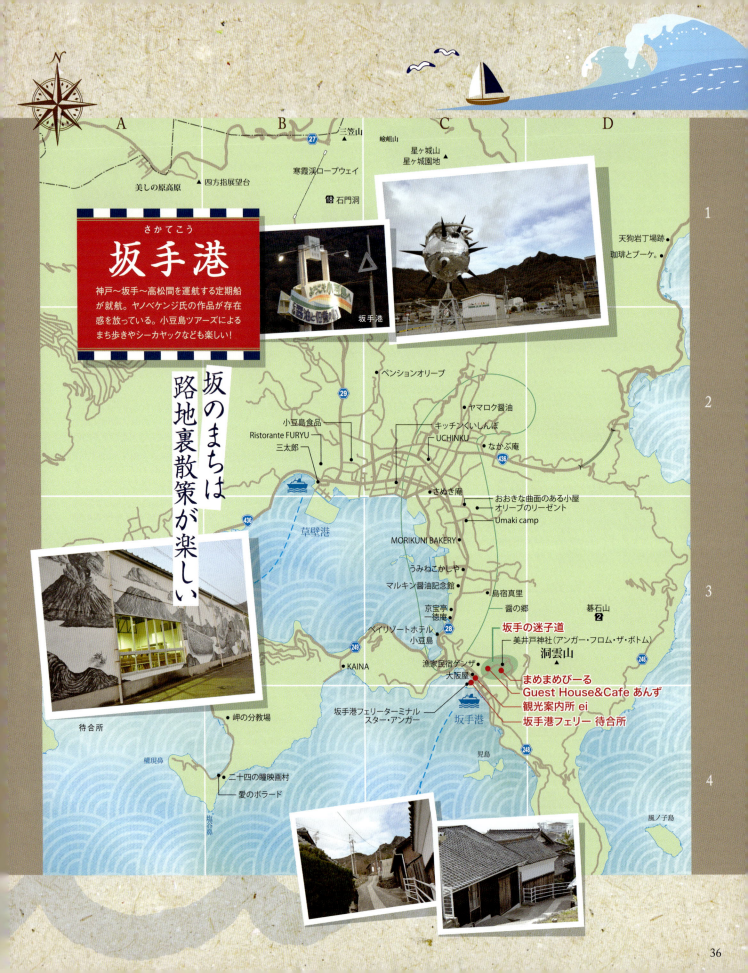

小豆島生まれの
ビールは路地散策の
お楽しみ

地域の特産物や季節の農作物を活かした、酵母が生きているビールは体にやさしい

坂手の高台にある醸造所&店舗

「小豆島×ビール＝○○○」を合言葉に、小豆島産のビールを醸造。古民家を改装したカウンターやテラスでは、できたてビールを味わえる。最新情報はFacebookやInstagram、ホームページなどでチェック！

まめまめびーる《まめまめびーる》

香川県小豆郡小豆島町坂手甲769　0879-62-8670　12:00～17:00　火、水曜（季節変動あり）　坂手港から徒歩約10分　M P.28 E-3、P.36 C-3

島の営みの景色が広がる

迷路のような
細い路地を
探検しよう！

坂手の迷子道《さかてのまいごみち》

香川県小豆郡小豆島町
坂手港から北東にすぐ
M P.28 E-3、P.36 C-3

「美井戸神社」や「まめまめびーる」のある坂手の集落。坂になった細い路地は入り組んでいて、迷路のようでなんだかワクワク。悠々とお散歩するネコにも出合えるかも。坂を上り、洞雲山から200mほど先にある展望台からの眺めも最高！

観光案内所《かんこうあんないじょ》 ei《えい》

香川県小豆郡小豆島町坂手甲1847
フェリーの到着に合わせて開設（夜の便はなし）、瀬戸内国際芸術祭会期中は7:00～17:00（船発着時以外で2時間ほどお休みあり）
不定休（瀬戸内国際芸術祭会期中は無休）
坂手港から徒歩すぐ
M P.28 E-3、P.36 C-3

港のすぐそば！
坂手の情報を
教えてもらおう

「ei」とは、小豆島弁で「良い」を意味する言葉。観光案内所や特産品ショップを併設しており、レンタサイクル「小豆島HELLO CYCLING」のステーションでもある。まずはここで坂手の情報を入手したい。

築50年の古民家
ゲストハウスで
のんびり

Guest House&Cafe あんず《げすとはうすあんどかふぇあんず》

香川県小豆郡小豆島町坂手甲646　0879-62-8878　チェックイン17:00～19:00、チェックアウト7:00～9:00、カフェ7:30～9:30・11:30～14:30　宿は月曜（カフェは月、火曜が休み）　坂手港から徒歩約5分
M P.28 E-3、P.36 C-3

2018年7月にオープンしたゲストハウス・カフェ。古民家を現代風に改装した趣のあるお部屋は男女別のドミトリータイプ。開放感のあるオープンテラスはカフェになっており、宿泊客以外も利用できる。

喉を潤したい時はサイダーで決まり！

オリーブと醤油のプリンはお土産におすすめ

坂手港フェリー待合所《さかてこうふぇりーまちあいじょ》

香川県小豆郡小豆島町坂手甲1849
0879-82-2222
6:30～20:30の船の発着1時間程前から営業（土日祝は夜の便が異なる）　無休　坂手港すぐ　M P.28 E-3、P.36 C-3

壁面アートが目を引く坂手港の待合所は、フェリーの発着の前後のみ利用できる。その館内は木をふんだんに使った空間が広がり、待合のベンチもたくさん。売店ではたくさんのお土産はもちろんご当地キャラグッズも手に入る。

フェリーを待つその間
さえも楽しみたい！

昔の体育館みたいな、レトロな雰囲気の館内。外観とのギャップが面白い

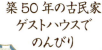

大部港《おおべこう》

岡山の日生港と小豆島を結ぶ船の発着港。港の周辺は海岸沿いに県道が通っているので、車での移動がおすすめ。喫茶サンワのナポリタンは地元民に愛されるグルメ。

福田港《ふくだこう》

姫路港の船が着く、関西からの玄関口である福田港は、映画「八日目の蝉」のラストシーンで有名。石のまちとして知られ、採掘場や丁場跡などが点在している。

大部港周辺

明治38年創業の老舗醤油蔵は、テレビCMのロケ地としても有名。天然の杉桶で1年以上じっくりと発酵・熟成させた昔ながらの味わいはお土産に喜ばれることうけあい。国の登録有形文化財に指定されている諸味蔵は予約制で見学可能。

やまひら醤油《やまひらしょうゆ》

香川県小豆郡土庄町大部甲3260
0120-47-6767　9:00～17:00
年末年始　大部港から徒歩約2分
M P.28 D-1、P.38 A-1

国産丸大豆醤油やだししょうゆ、ぶっかけ醤油などを製造

小豆島で110余年
昔ながらの杉桶天然醸造を
守る老舗の味を食卓に

巨石の中に洞窟があり、外陣には
大日如来・薬師如来を安置
本堂の内陣には、力強さの中にも
包み込むような優しさを感じる
厄除け不動がある

ご詠歌
よのちりは
かからざりけり
よじのぼる
やまじのおくの
こけのいわむろ

苔に覆われた鮮やかなグリーンに癒やされながら、大本堂のある頂上を目指そう

小豆島霊場八十八ヶ所 第81番 恵門之不動《えもんのふどう》

岩壁に取りつくように建つ間口二十五間、中国風の大本堂は、深い緑の木々のなかにあり、朱色がよく映える。仏像などが並ぶ山道を登り、鉄鎖の行場をよじ登り、香煙たちこめる本堂へ。小豆島霊場81番札所であり、全国各地から多くの信者が訪れている。

香川県小豆郡土庄町小部乙159　0879-67-2874　大部港から車で約20分
M P.28 E-1、P.38 B-2

福田港周辺

癒やし満点の
天然温泉でひとっ風呂
自然に抱かれた
キャンプ場

オートビレッジYOSHIDA《おーとびれっじよしだ》

香川県小豆郡小豆島町吉田甲302-1　0879-61-7007　宿泊キャンプ15:00～翌10:00、温泉15:00～20:00　温泉は火曜、年末　¥ フリーキャンプサイト2,160円～、温泉入浴料大人300円
福田港から車で約5分
M P.28 F-1、P.38 C-1

島の自然に抱かれたオートキャンプ場。キャンプやバーベキューはもちろん、併設されている天然温泉は地元の人々に愛される名湯。近くの吉田ダムでロッククライミングを満喫してからひとっ風呂浴びるのもおすすめ。キャンプステイなら満天の星空も眺められる。

ふっくら新鮮あなごが
ご飯の上にぎっしり
幸せ～！なお弁当

お弁当は1個からでも予約OK。あなごのほか、冬場のカキなど、旬の魚介の網焼きもオススメ

梅本水産《うめもとすいさん》 漁師共同直売店《りょうしきょうどうちょくばいてん》

香川県小豆郡小豆島町福田甲1196-56　0879-84-3383
10:00～15:00（食堂）、8:00～17:00（売店）　火曜　福田港切符売り場横
M P.28 F-1、P.38 D-2

瀬戸内海でとれたあなごをじっくり焼き上げ、自家製タレを絡めた蒲焼きは、脂がのって身はふっくらと上品なおいしさ。写真の「あなご弁当」（900円）や「特上あなご丼」（950円）があり、お店でじっくり味わうもよし、旅のおともにお弁当テイクアウトもよし。

ココロとカラダのデトックス

今、小豆島 島四国へ

瀬戸内海に浮かぶ島のなかで、淡路島に次いで2番目に大きな小豆島。ここには、島全体に札所が点在する「小豆島八十八ヶ所霊場（通称・島四国）」があり、島民はもちろん島外からも多くの巡礼者が訪れている。風光明媚な島の巡礼路で、癒し体験をどうぞ。

小豆島霊場八十八ヶ所

★霊場総本院
第1番 洞雲山
第2番 碁石山
第3番 観音寺
★第3番 奥の院 隼山
第4番 古江庵
第5番 堀越庵
第6番 田ノ浦庵
第7番 向庵
★第8番 常光寺
第9番 庚申堂
第10番 西照庵
第11番 観音堂
第12番 岡之坊
★第13番 栄光寺
第14番 清滝山
第15番 大師堂
★第16番 極楽寺
第17番 一ノ谷庵
第18番 石門洞
第19番 木ノ下庵
第20番 佛ヶ滝
★第21番 清見寺
第22番 峯之山庵
第23番 本堂
★第24番 安養寺
第25番 誓願寺庵
★第26番 阿弥陀寺
第27番 櫻ノ庵
第28番 薬師堂
第29番 風穴庵
★第30番 正法寺
★第31番 誓願寺
★第32番 愛染寺
★第33番 長勝寺
第34番 保寿寺庵
第35番 林庵
第36番 釈迦堂
★第37番 明王寺
★第38番 光明寺
第39番 松風庵
★第40番 保安寺
第41番 佛谷山
第42番 西ノ瀧
★第43番 浄土寺
第44番 湯舟山
第45番 地蔵寺堂
★第46番 多聞寺
第47番 栂尾山
第48番 毘沙門堂
第49番 東林庵
第50番 遊苦庵
第51番 宝幢坊
第52番 旧八幡宮
★第53番 本覚寺
★第54番 宝生院
第55番 観音堂
第56番 行者堂
第57番 浄源坊
★第58番 西光寺
第58番 奥の院 誓願の塔
第59番 甘露庵
第60番 江洞窟
第61番 浄土庵
第62番 大乗殿
第63番 蓮華庵
第64番 松風庵
第65番 光明庵
第66番 等空庵
第67番 瑞雲堂
★第68番 松林寺
第69番 瑠璃堂
★第70番 長勝寺
第71番 滝ノ宮堂
★第72番 瀧湖寺
第72番 奥の院 笠ヶ瀧
第73番 救世堂
★第74番 円満寺
★第75番 大聖寺
★第76番 金剛寺
第76番 奥の院 三暁庵
★第77番 歓喜寺
番外 藤原寺
第78番 雲胡庵
第79番 薬師庵
★第80番 観音寺
第81番 恵門ノ滝
第82番 吉田庵
第83番 福田庵
★第84番 雲海寺
第85番 本地堂
第86番 当浜庵
第87番 海庭庵
第88番 楠霊庵

★寺院…納経所

霊場総本院で授戒を受けてから巡拝に出るのが島四国のならわし

まずは作法を身につけて巡礼の道に出かけよう

「小豆島八十八ヶ所霊場」は全行程約150kmに及び、通常この道のりを歩き通した場合には6泊7日、自転車なら5泊6日、車なら3泊4日ほどが必要。もちろん、すべての札所を訪ねるのが理想だが、旅程によっては難しい場合もある。そこでおすすめなのが**「海の札所」「山の札所」「里の札所」**などのテーマを設けて訪ねたり、港や宿を拠点にエリア内の札所を巡礼する方法。その際、修行の道であることを十分に心得て、「十善戒(じゅうぜんかい)」という行動の基準を守ることが基本だ。

巡礼時の服装については、四国巡礼と同様に正式には上下白装束に金剛杖、菅笠、輪袈裟(わげさ)などを揃える。普通の服装でも良いが、その際、露出の激しい服装は避けること。決して平坦な道だけではないので、動きやすい服装、歩きやすい靴がおすすめ。

巡礼に際しては納経帳や白衣、掛軸などに御朱印を受けることもできる。ただし納経を受けることができる寺院は29ヶ寺に限られていて(右ページ★マークの寺院)、その他の札所の御朱印もそこで受けられる。(納経料は白衣や納経帳の場合、寺院150円、堂庵山岳霊場50円、全札所で合計7700円。掛軸の場合、寺院300円、堂庵山岳霊場200円、全札所で合計2万1800円)。なお、島四国について事前に知識を身につけておきたい場合は、霊場総本院(小豆郡土庄町西本町甲6132-2)に足を運ぼう。

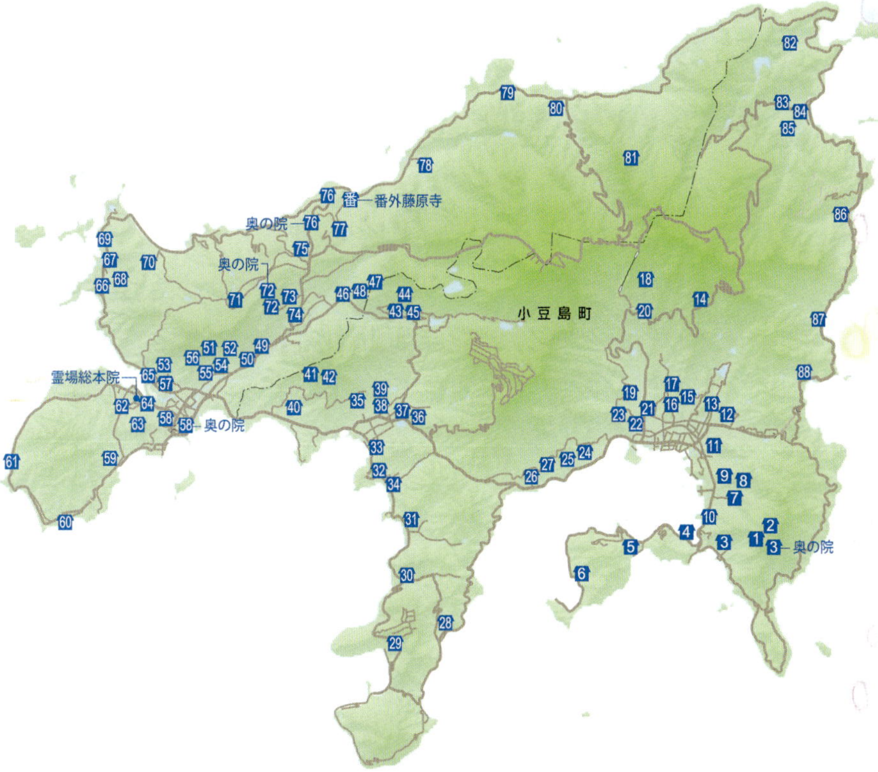

十善戒とは

1. 不殺生《ふせっしょう》…殺生することなかれ
2. 不偸盗《ふちゅうとう》…盗むなかれ
3. 不邪婬《ふじゃいん》…邪婬することなかれ
4. 不妄語《ふもうご》…偽りをいうことなかれ
5. 不綺語《ふきご》…虚飾の言葉をいうことなかれ
6. 不悪口《ふあっく》…悪口をいうことなかれ
7. 不両舌《ふりょうぜつ》…二枚舌を使うことなかれ
8. 不慳貪《ふけんどん》…貪ることなかれ
9. 不瞋恚《ふしんに》…怒ることなかれ
10. 不邪見《ふじゃけん》…邪な考えを起こすなかれ

海の札所

小豆島

第60番江洞窟
御本尊は岩窟の中
神秘的な玉石も
お見逃しなく！

1

入山から下山まで覚えておきたい巡拝の手順

小豆島八十八ヶ所霊場は、
下記の作法にのっとって参拝するのがならわしとなっている。

入山

山門で一礼し境内へ。

手洗い

手水舎で手を洗い、きれいな水であれば口もすすぐ。

鐘撞

鐘楼で鐘を撞《つ》く（札所によっては鐘を撞いてはいけない）

本堂参拝

小豆島ではお大師様が本堂に祀られている場合が多い。
まず本堂で線香と灯明を奉献し、納め札と賽銭を収める。
大師堂がある札所では同様のお勤めを行う。

読経礼拝

合掌礼拝をし、般若心経や本尊真言、光明真言、御宝号、
廻向文を唱える。最後に合掌礼拝をする。

納経

納経所で御朱印をいただく。

2

海の札所、山の札所へ

小豆島八十八ヶ所霊場は、88ヶ所の札所に6ヶ所の奥の院を含めた94ヶ所。その内訳は寺院霊場30、山岳霊場10余り、堂房50余りで、すべて弘法大師が開いた真言宗の寺院である。そのため一部の札所を除いて大師堂はなく、本堂に弘法大師を祀っているところがほとんどだ。海岸線に位置していたり、山や谷などの地形を生かした「山岳寺院」も多く、自然と一体化したかのような荘厳さに包まれている。

山の札所

波音が響き渡る「海の札所」としてよく知られているのが、第60番江洞窟（ごうとうくつ）。自然にできた洞窟のなかに、半地下のお堂があり、そこには弁財天が祀られている。また岸壁には大日如来を表す梵字が刻まれた玉石を見ることができる。

一方、第3番観音寺の奥の院・隼山（はやぶささん）、第41番佛谷山（ぶっこくさん）は、アクセス道が狭いので、車の場合は注意が必要（駐車場あり）。隼山からは播磨灘が、病に御利益のある薬師水が湧く佛谷山からエンジェルロードが一望できる。

3

第3番観音寺奥の院・隼山は鳴門や淡路島まで一望のもとに

4

①パワースポットとして知られる江洞窟 ②御本尊の弁財天は首から上の病気にご利益があるとされている ③山岳道場として知られる隼山 ④隼山の眺望の良さは札所のなかでもダントツ ⑤海抜400mの山頂付近に位置する山岳道場 ⑥愛らしいパグの像もお出迎え

5

山と海に抱かれた第41番佛谷山は霊水が沸き出る神秘の霊場！

6

里の札所

小豆島

1

第58番西光寺は
流転の俳人
尾崎放哉とも
ゆかりのある寺

2

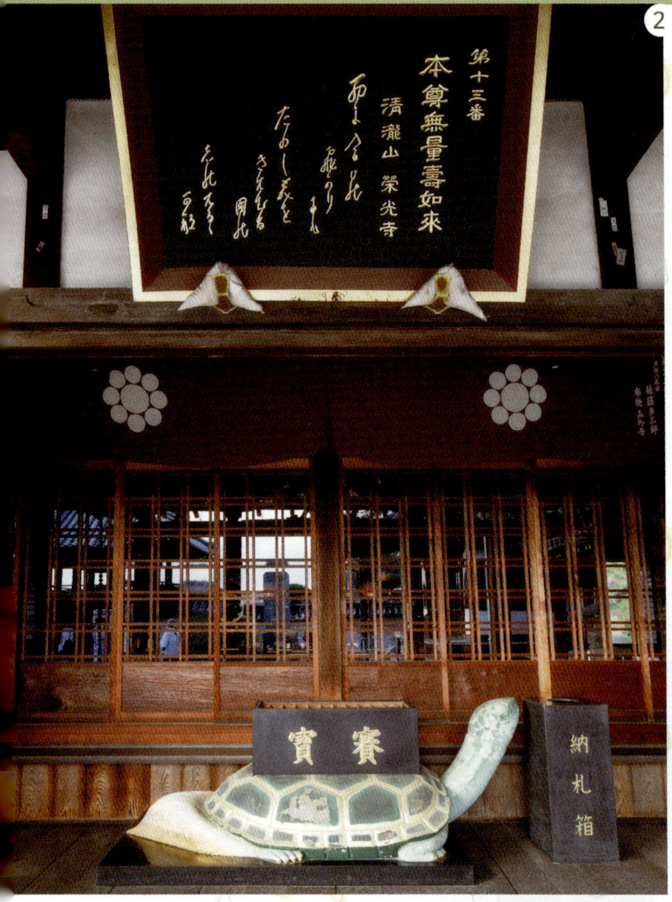

3

4

境内からは
瀬戸内海を一望
穏やかな雰囲気の
第88番楠霊庵

5

島の暮らしにとけ込んでいる小豆島八十八ヶ所霊場。住宅街にひっそりとたたずむ札所も多く、いずれも島人たちの手で大切に守られていることがうかがえる。観光の途中に立ち寄ることができる札所をいくつか紹介しよう。土庄港からアクセスしやすいのは第58番西光寺と第54番宝生院。西光寺では朱塗りの三重塔が美しい姿を見せている。宝生院には国指定特別天然記念物の真柏（シンパク）の木があり、樹齢1600年ともいわれる老大樹はパワースポットとして人気の場所だ。醤の郷に近い第13番栄光寺は老い松に抱かれたかのような佇まいが風情満点。小豆島ふるさと村の近くにある第37番明王寺の敷地内には、第36番釈迦堂もあり、2つの札所のご利益を一緒に受けられる。このほか小豆島オリーブ公園そばにも、第24番安養寺などの札所が点在している。第88番楠霊庵（なんれいあん）は漁港や集落を見下ろす高台に位置しており、小豆島らしい風情がたっぷり。旅の締めくくりにもおすすめだ。

6
第61番浄土庵の
御本尊は阿弥陀如来。
札所のすぐそばは
夕日のスポット！

①「誓願の塔」と呼ばれる三重塔がある第58番西光寺 ②⑦ 2月の節分星供養で有名な第13番栄光寺 ③迫力満点で神秘的な第54番宝生院のシンパク ④第88番楠霊庵 ⑤第37番明王寺 ⑥小豆島の霊場の最西端に位置する第61番浄土庵 ⑧第24番安養寺

8

7
第13番栄光寺は
瀬戸内海を
モチーフにした
裏庭も必見です

ココロに残る癒し“お接待”

四国巡礼と同様に、島四国でも受けられるのがお接待。堂守さんが常駐している第60番江洞窟では、誰もが自由に利用できる休憩所があり、信者さんが持ち寄ったお茶やお菓子を用意している。「厳しい道のりもありますから、ここで一息ついていただければ」との言葉とともに、その優しさが心に残るはず。

巡礼者を迎えてくれる第60番江洞窟の堂守さん

旅の手帖

見どころ案内

ノスタルジーな
世界へようこそ。

映画『二十四の瞳』のロケセットを改築し、大正・昭和初期の村を再現した日本映画と文学のテーマパーク。映画の公開65周年を記念して、2019年7月31日まで、入村料金が大人650円、小学生320円に。オリジナルポストカードもプレゼント。

二十四の瞳映画村《にじゅうしのひとみえいがむら》

香川県小豆郡小豆島町田浦 0879-82-2455
9:00 ～ 17:00 無休 ¥ 通常大人790円、小学生380円 草壁港から車で約25分、坂手港から車で約13分
M P.28 D-4

二番目においしい
おむすび

棚田の
おにぎり定食
(1,380円)

「お母さんのおむすびの次においしい」を目指しているという、中山の千枚田育ちのお米でにぎったおむすび。島の旬なものでこしらえた主菜や汁物と一緒にいただきます。移り変わる棚田の風景に溶け込み、ぼーっとする時間がしあわせ。

こまめ食堂《こまめしょくどう》

香川県小豆郡小豆島町中山1512-2 080-2984-9391
11:00 ～ 16:00 (LO15:00)
火曜、不定休(HPにて案内)
土庄港から車で約15分、池田港から車で約10分 M P.28 C-2

スイーツセット(700円)。
写真は金柑ソーダと自家製マフィン

取材メモ

「オリーブとハーブを五感で楽しむ」をコンセプトとしたクラフト体験は、季節に合わせたメニューが楽しめる！毎週日曜に開催。

オリーブとハーブと
空と海

小高い丘に白い風車やオリーブ畑が広がり、まるでエーゲ海のよう。ハーブを使ったクラフト体験ができる花と香りのガーデンや温浴施設「サン・オリーブ」でのハーブ浴など、女子心をくすぐるお楽しみがたくさん。オリーブソフトもおすすめ。

道の駅《みちのえき》 小豆島オリーブ公園《しょうどしまおりーぶこうえん》

香川県小豆郡小豆島町西村甲1941-1 0879-82-2200 8:30 ～ 17:00 (温泉は12:00 ～ 21:45 ※受付は～ 21:00) 無休 池田港から車で約10分 M P.28 D-3

自分に、
大切な人に…
オリーブの念珠づくり

シンパクのパワーを感じた後は、宝生院ご住職の奥様がレクチャーしてくれる腕輪念珠体験を。小豆島産オリーブの樹を使用した祈願済の珠と、美しい天然石を自由に組み合わせて作ることができる。願いに合わせて石を選ぶのも楽しい。要予約。

オリーブ腕輪念珠のワークショップ《おりーぶうでわねんじゅのわーくしょっぷ》

香川県小豆郡土庄町上庄412 0879-62-0682 ¥ 体験3,000円～（石により異なる） 土庄港から車で約10分 M P.28 C-2

樹齢1600年
奇跡のご神木

宝生院の境内に根をおろすシンパクは、古墳時代、応神天皇のお手植えによるものと伝えられる大樹。樹齢推定1600年といわれ、国の特別天然記念物にも指定されている。龍と亀、象の姿が見える奇跡を体感して。

シンパクの周りには遊歩道が整備されており、ぐるりと一周見学できる

宝生院のシンパク《ほうしょういんのしんぱく》

香川県小豆郡土庄町上庄412 0879-62-0682
土庄港から車で約10分 M P.28 C-2

人気のアイランドバーガーを
シーサイドで

ペンションオリーブのカフェで一番人気だった「アイランドバーガー」（980円）が、夏季限定の海の家に登場！牛肉100％の肉汁溢れるジューシーなパテと新鮮な地元野菜たっぷりのおいしさにかぶりつこう。オリーブビーチではSUP体験（P.49）も実施しているので、一緒に楽しんで。

7月から8月の限定なので、
この機会にぜひ

ペンションオリーブ海の家《ぺんしょんおりーぶうみのいえ》

香川県小豆郡小豆島町西村 オリーブビーチ 0879-62-8282
9:00～17:30 7月・8月のオープン期間は無休 土庄港から車で5分 M P.28 D-3

取材メモ

オリーブと柑橘のスキンケア商品にも注目。カウンセリングカウンターでは美容体験も受けられるので、癒しの時間をどうぞ。

小豆島らしい、
おもてなし

オリーブの自然農園を営む井上誠耕園が手がける、オリーブの恵みいっぱいのスポット。館内にはカフェレストランや直営ショップがあり、オリーブのある暮らしを提案。マイオリーブオイル（90g 1,728円～）やハーバリウム（1,680円）づくりなどの体験メニューも充実している。

らしく本館《らしくほんかん》

香川県小豆郡小豆島町蒲生甲61-4
0879-75-1133 9:00～17:00
無休 池田港から徒歩約10分 M P.28 C-3

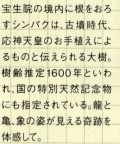

日本最古の原木に
感じるパワー

日本最古のオリーブの原木が根をおろす森やイサム・ノグチの遊具彫刻、光のアートギャラリーなどでそれぞれの魅力を体感し、世界に一つだけのオリーブオイルづくりを旅の思い出に。オリーブの森でハート形の葉っぱを見つけると幸せになれるかも!?

小豆島オリーブ園《しょうどしまおりーぶえん》

香川県小豆郡小豆島町西村甲2171 📞 0879-82-4260 8:30～17:00 無休 草壁港から車で約5分 M P.28 D-3

取材メモ

小豆島名産の醤油に漬けたモッツァレラチーズがアクセントになった石窯焼きのピッツァ「トーキチ」は必食!

島の美味を
石窯ピッツァで

トーキチ（1,600円）

ご家族で営むアットホームなカフェダイニングのオススメは、旬の小豆島素材を使い、石窯で焼く本格ピッツァ。オリーブが効いたパスタに小豆島オリーブ牛ステーキ、島豚の自家製生ソーセージの窯焼などのディナーメニューも堪能したい。食後は自家製スイーツも!

Café&Dining OASIS《かふぇあんどだいにんぐ おあしす》

香川県小豆郡土庄町上庄1953-7 📞 0879-62-2495 11:30～14:00（LO13:30）、17:30～21:00（LO20:30） ※土、日曜、祝日は14:00～17:30カフェ営業あり 月曜（祝日の場合営業、翌日休）、第3火曜 土庄港から車で約10分 M P.29 B-3

「映える」カフェ&
本屋さん

翼クッキーが可愛いエンジェルソフトに外はカリッ、中はふわとろでクリーミーな自家製カタラーナなど、フォトジェニックなメニューが揃う、迷路のまちのオアシス。2階は、「心ときめく一冊に出会える本」や小豆島にちなんだ雑貨などを並べる本屋さん。

エンジェルソフト（500円）

405CAFE《よんまるごかふぇ》

香川県小豆郡土庄町甲413-2 📞 0879-62-9889 10:00～17:00 水曜（祝日及び瀬戸内国際芸術祭会期中は営業） 土庄港から徒歩約15分 M P.29 B-3

自家製カタラーナ（600円）

ふれあいも楽しい
休憩ポイント
50円
400円

大坂城築城のため切り出された残石群や資料館など、石で栄えた小海地区ならではのスポット。管理棟には島の柑橘や醤油などの特産品、干物などが揃う売店＆ハモカツやアイスが人気の軽食コーナーがあり、地元の方々の憩いの場としても親しまれている。

道の駅《みちのえき》・みなとオアシス《みなとおあしす》 大坂城残石記念公園《おおさかじょうざんせききねんこうえん》

香川県小豆郡土庄町小海甲909-1 0879-65-2865 資料館9:00～17:00（入館は～16:30） 無休 ¥残石資料館入館無料
土庄港から車で約20分、大部港から車で約7分 M P.28 D-1

迷路のまちで
妖怪にであう

妖怪美術館5にある巨大妖怪天井画モノノケマンダラ

呉服屋の蔵や醤油屋の倉庫などを活用した4つの妖怪美術館が迷路のまちに点在。全部で100を超える妖怪の立体造形作品群が展示されている。館長は小豆島生まれの妖怪画家・柳生忠平氏。彼が手がけた巨大妖怪天井画モノノケマンダラは圧巻だ。

妖怪美術館《ようかいびじゅつかん》

香川県小豆郡土庄町甲405 0879-62-0221
10:00～18:00（受付は～17:00） 水曜（祝日及び瀬戸内国際芸術祭会期中は営業） ¥一般1,500円～、小学生以下無料
土庄港から車で5分 M P.29 B-3

すももソフト
（280円）

体験も遊ぶも
食べるもおまかせ！

日本の「夕陽百選」に選ばれた瀬戸内海の絶景スポットで、遊ぶ、体験する、泊まる、食べる、買うを満喫できる。ヨットやカヤックに手打ちうどん教室、さらにSNSへの投稿で人気のすももソフトをゲットできるキャンペーンも！

小豆島ふるさと村《しょうどしまふるさとむら》

香川県小豆郡小豆島町室生2084-1 0879-75-2266 8:30～17:00（施設・体験により異なる） 無休 池田港から車で約5分 M P.28 C-3

小豆島
column

手荷物預けて
ストレス
フリー！

土庄港から宿泊先のホテルまで、手荷物を配送してくれるので、手ぶらで小豆島観光を楽しめる。ホテルから土庄港への配送もOK！

手ぶら観光サービス《てぶらかんこうさーびす》

0879-62-8114（小豆島手ぶら観光サービス）
土庄港14:30までの預りで17:00までにお届け ¥1個500円～（提携宿泊先により異なる）
※2個以上はお得に M P.29 B-2

シェア
サイクルで
旅しよう

約50ヶ所のステーションで、いつでもシェアサイクルが利用できる便利なサービス。電動アシストで坂道もスイスイ！

小豆島 HELLO CYCLING《しょうどしまはろーさいくりんぐ》

044-385-9048（お客様サポート窓口） ¥15分100円、1日1,500円／会員登録後、スマホで貸出・返却手続き可能。どのステーションでも乗捨てOK https://www.hellocycling.jp/h_island/

SUPで
非日常の
体験を！

ペンションオリーブの海の家では、話題のマリンスポーツ「スタンド・アップ・パドルボード（SUP）」を体験できる。

SUP《さっぷ》

香川県小豆郡小豆島町西村 オリーブビーチ
0879-62-8282 開催時期は4月～11月下旬（要予約） ¥90分SUP体験4,900円（宿泊者向け）～ 池田港から車で約10分 M P.28 D-3

1Day Trip

小豆島 土庄町

姫路から福田港に入って土庄港へ、小豆島北回りルートは、キラキラ輝く自然とアートやグルメがいっぱい。昼から夜まで一日中楽しもう！

ここでしか見られない風景が迎えてくれる場所

土庄町は、姫路港～福田港、日生港～大部港、土庄港からは、岡山・高松・豊島経由で宇野港までの航路があって瀬戸内の島めぐりでは、アクセス拠点となるところ。

港のある福田から大部、土庄までの海沿いルートの随所に宝石のように輝く風景があり、ロードサイドでは、石の絵手紙のアート作品が迎えてくれる。小豆島の玄関口、土庄港ターミナルは、瀬戸内国際芸術祭２０１６で世界的デザイナーのコシノジュンコ氏がプロデュースして「アートノショーターミナル」となり、同氏が作成した石の絵手紙も必見だ。

①石の絵手紙

小豆島石と呼ばれる良質な花崗岩と絵手紙がコラボレーション。自然に溶け込むアートとして、現在52基あるが今後も増えるそう。

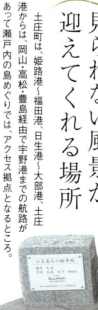

戸形のこいのぼり

Pick up

期間限定で 海の上を泳ぐこいのぼり

毎年4月上旬から5月初旬まで、映画「八日目の蝉」などの撮影も行われた旧戸形小学校前の海岸には、こいのぼりが泳ぐ。ウミガメが産卵に来たこともある場所で、透明感のある海と瀬戸内の島風景に癒されること間違いなし。干潮時には、ちょっと滑るので足元注意だが、こいのぼりの下まで歩いていくこともできる。

世界一は、世界最狭。役場の前にある町のシンボル

まちの中心に横たわる「土渕海峡」は、全長約2.5km、最大幅は約400m、最狭幅は9.93mで、世界一狭い海峡としてギネスブックが認定、毎年11月に開催される瀬戸内海タートルマラソンでは出発点となっている。

海峡があることで分かるように、土庄町役場のある側は前島という小さな島。土庄町には、瀬戸内国際芸術祭の舞台にもなっている豊島や島の人口よりも牛の数のほうが多い小豊島《おてしま》、無料渡船で約3分で渡れる沖之島、干潮のときにだけ現れる砂の道（エンジェルロード〜天使の散歩道〜）がある弁天島・中余島・小余島・大余島などもあるので、ここを拠点に離島めぐりをするのもおすすめ。

③土渕海峡・フレトピア公園のイルミネーション

今年の聖バレンタインデーに復活したイルミネーション。約7,000個のLEDが柔らかな光で町のシンボルを照らしている。

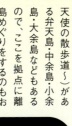

②夕陽ケ丘の夕陽

日本の夕陽100選にも選ばれた夕陽スポット。季節ごとに色を変えながら穏やかな瀬戸内海をキラキラと輝かせる光景は幻想的。

ただいま売り出し中の 小豆島島鱧

豊富な魚種が水揚げされる土庄には、地元ではゲタと呼ばれる下平目などのスターフィッシュがいる。その中でも注目は、2016年に生まれた新ブランド「小豆島島鱧」。

小豆島近海で獲れたハモの中で独自の厳しい規定をクリアしたものだけを活〆・骨切りして瞬間冷凍して出荷している。クセがなく、さまざまな調理方法で気軽に食べられるハモで、人気急上昇中だ。ほかにも土庄町役場の美味しいもんマップには、84軒ものお店が載っているから、いろんな島グルメを楽しもう。

④小豆島島鱧

瞬間冷凍で鮮度を保った冷凍ハモは、いつでも気軽に通年食べられる「食卓の定番魚」として開発。湯引きはもちろん蒲焼や天ぷらも美味しい。

直島

Naoshima

見て触れて、寝転がって。
カラダ全部でアートを満喫

草間彌生「赤かぼちゃ」2006年直島・宮浦港緑地

現代アートの聖地として知られる直島。今では国内のみならず世界各国から旅人が訪れています。作品は、島の人たちが暮らす歴史ある町並み、海岸線など、いたるところに点在しています。町をそぞろ歩きながら、現代アートを鑑賞してみませんか。

直島 ひとこと ガイド

- レンタサイクルは電動付きがベター
- 不定休のお店も多いので要注意
- 集落を回るときは静かに

島あるき裏話

平日の直島は、日本人を探すほうが大変なくらいに国際色豊か。いろんな国の言葉が聞こえてきて、ココはどこ…？状態でした。

ライター／谷本香里

直島でいちばんに出迎えてくれるアート

宮浦港にある「海の駅なおしま」。ガラス張りのシャープな建物が直島と調和する。お土産、フェリーチケット販売のほか、カフェスペースもある。

瀬戸内海を静かに見守る鳥居

町営バス停「つつじ荘」を降りて少し歩くと見えるのは、地中に半分ほど埋まった鳥居。近くには草間彌生の「南瓜」の姿も。

●食事 ●アート作品 ●見どころ ●宿泊 ●その他

⊗学校 ⛩神社 卍寺院 ⊠警察署 〒郵便局 バス停

0 500m 1,000m

作品といっしょに写真を撮って、自由にアートを楽しむ

草間彌生「赤かぼちゃ」2006年直島·宮浦港緑地

宮浦港のランドマーク

宮浦港の広場にあり、島に訪れた観光客を一番に出迎えてくれる「赤かぼちゃ」。草間彌生のシンボルでもある水玉のいくつかがくり抜かれていて、中に入ることができる。ベネッセハウス近くにある「南瓜」と見比べてみよう。

赤かぼちゃ《あかかぼちゃ》

アーティスト：草間彌生

香川県香川郡直島町宮浦2249-49

087-892-2222（直島町役場） M P.53 B-3

撮影ポイント

太陽の光が作る水玉もようの中に入り込み、異空間を演出してみて

草間彌生「赤かぼちゃ」2006年直島·宮浦港緑地

直島パヴィリオン　所有者:直島町　設計:藤本壮介建築設計事務所

撮影ポイント

下からあおって空の青を入れてみよう。
人物を小さくするとよりオシャレに

空と白のコントラスト

直島の玄関口である宮浦港周辺に新たに設置された「直島パヴィリオン」。27の島々で構成される直島の「28番目の島」というコンセプトで作られた屋外展示作品だ。静かな時間帯には中で寝そべって、ゆったりと流れる雲を楽しんで。

直島パヴィリオン《なおしまぱゔぃりおん》

アーティスト：藤本壮介
香川県香川郡直島町宮浦
087-892-2222（直島町役場） M P.53 B-3

撮影ポイント

停泊時間は約15分程度。
フェリーの種類は時刻表でチェックしよう

フォトジェニックな船旅

高松—直島—宇野間を運航するアートを感じることができるフェリー。水玉の「なおしま」とひし形の「あさひ」の2つがあり、どちらも白と赤を基調としたポップなデザイン。船内にもさまざまな作品が飾られている。

直島行きフェリー「なおしま」《なおしまいきふぇりー「なおしま」》

宮浦港 087-821-5100（四国汽船株式会社・高松統括事務所）

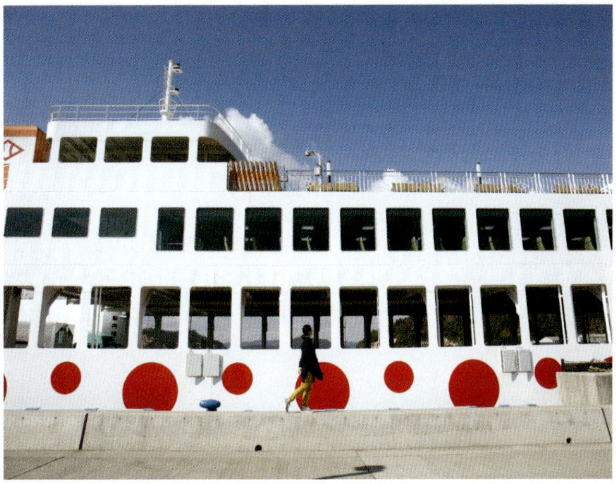

直島ホール　所有者:直島町　設計:三分一博志建築設計事務所

撮影ポイント

印象的な建築、特に美しい屋根が
フレームに入るような広い画角がオススメ

本村《ほんむら》の景観に溶け込む

ヒノキ葺きの屋根がひときわ目を引くこちらは、地域住民の芸能活動やレクリエーション、葬祭などで使われる多目的施設。犬島精錬所美術館も手がけた建築家の三分一博志が、周辺の自然条件を約2年半に渡りリサーチして設計した。

直島ホール《なおしまほーる》

香川県香川郡直島町696-1
087-892-2882（直島町教育委員会） M P.53 C-3
※直島ホール内の見学は申請が必要。詳しくは町役場ホームページ(http://www.town.naoshima.lg.jp)をご覧ください。

直島の宿

直島の自然に囲まれた隠れ家

直島ダムの湖畔に位置する豊かな森に囲まれたロケーションで、日常を忘れさせてくれる。ゲストルームは1日1組限定で、2名から9名までの宿泊が可能。カップルや家族連れ、友人同士でプライベートな旅を満喫できる。アンティーク調の家具に囲まれたカフェスペースも併設。

8畳＋16畳＋5畳の広さがあり思う存分くつろげる

ウェディングパーティーが行われたこともあるガーデン

いっぷく茶屋《いっぷくちゃや》

香川県香川郡直島町1340 087-892-4121 カフェ10:00～17:00 不定休 宮浦港から町営バス停「農協前」下車、徒歩10分（宿泊の場合送迎あり） M P.53 C-3

カラフルでかわいい一棟貸しの宿

ヨーロッパのおしゃれなインテリアをイメージして作られたキュートなヴィラ。一棟貸しだから、子供連れの旅にも、ふたりきりで過ごす贅沢な旅にもぴったり。キッチンには調理器具が揃っており、自炊もできる。敷地内に無料駐車場があるので、車での旅にもおすすめ。

インテリアも個性が光る。
異空間ただよう雰囲気を楽しもう

Mrs. Maroulla's HOUSE《まろーらおばさんのいえ》

香川県香川郡直島町2310-82
090-7979-3025 不定休
宮浦港から徒歩3分 M P.53 B-3

ポップな色使いが目印。
何度も泊まりたくなる
かわいさ

おなかがすいても安心の、
お菓子の無人販売もある

田舎に帰って
きたような懐かしさ

築80年の古民家に泊まって島時間を過ごそう

純和風の古民家でほのぼのとした温かみのある時間が過ごせる宿。共有スペースでは、ゲスト同士がお酒を飲んだり、旅の情報を共有したり、和気あいあいと過ごすことができる。看板犬や看板猫との触れ合いもこの宿の醍醐味のひとつ。

民宿おやじの海《みんしゅくおやじのうみ》

香川県香川郡直島町774　090-5261-7670　宮浦港から町営バス停「農協前」下車、徒歩3分　M P.53 C-3

2Fが宿なので、夜にお酒を飲んでもすぐに休めるのがうれしい

カフェバー付きのゲストハウス

古民家ゲストハウスの下は、昼はカフェ、夜はお酒も楽しめるバーとして旅人をおもてなし。フード類も充実しており、おなかも満たしてくれそう。客室は全部で3室あり、冷暖房、テレビを完備。気兼ねなく島時間を過ごすことができる。

夜はカフェバーに。とれたての新鮮な魚介も楽しめる

シナモン《しなもん》（Cin.na.mon）

香川県香川郡直島町宮浦2310-31　087-840-8133
11:00～15:00（LO14:30）、17:00～22:00（LO21:15）
月曜、不定休　宮浦港から徒歩5分　M P.53 B-3

縁側にあるソファに座って、ぼんやりと過ごすのもいい

どこか懐かしい縁側のある宿

家プロジェクト「南寺」の目の前にある一軒家を改装した素泊まりのゲストハウス。ドミトリーと個室があり、旅の目的に合わせて利用できる。ダイニングや談話室ではゲスト同士が交流を深められるほか、共有キッチンでは自炊も可能。縁側でくつろぐ猫の「十兵衛」の姿にも癒される。

古き良き
日本家屋を改装

ゲストハウス《げすとはうす》 路地と灯り《ろじとあかり》

香川県香川郡直島町729　080-3058-3887　火曜、不定休
宮浦港から町営バス停「農協前」下車、徒歩5分　M P.53 C-3

清潔感あふれるお部屋で心身ともに癒される旅を満喫

アットホームな心安らぐ宿

“ほっこり”とした時間を提供してくれる女性専用のゲストハウス。上質な睡眠で旅の疲れが取れるようにと、ベッドには高反発マットレスを採用。アメニティも充実しているので、身軽な旅を楽しめそう。白を基調とした明るい部屋で、ゆったりくつろいで。

アットホームな一軒家で、自宅でくつろぐように過ごそう

ほっこり民宿《ほっこりみんしゅく》 清《さや》 -saya-

香川県香川郡直島町2310-168　087-892-3821　月曜、不定休
宮浦港から徒歩5分　M P.53 B-2

旅の手帖
見どころ案内

ベネッセ アートサイト 直島

直島

自然光の中で作品を鑑賞できる美術館

瀬戸内の美しい景観になじむよう、建物は地中に埋設されている。館内にはクロード・モネ、ジェームズ・タレル、ウォルター・デ・マリアの作品が恒久設置。地下にありながら自然光が降り注ぐ設計で、季節や時間によって変わる空間の表情にも注目。

地中美術館　写真:藤塚光政

クロード・モネ室　写真:畠山直哉

ちちゅうびじゅつかん
地中美術館
🏠 香川県香川郡直島町3449-1　📞 087-892-3755　🕐 3月〜9月は10:00〜18:00（最終入館17:00）、10月〜2月は10:00〜17:00（最終入館16:00）　🚫 月曜（祝日の場合開館、翌日休）　¥ 2,060円　※15歳以下は無料　※オンラインチケットによる予約制　🗺 P.53 B-3　https://www.e-tix.jp/chichu/

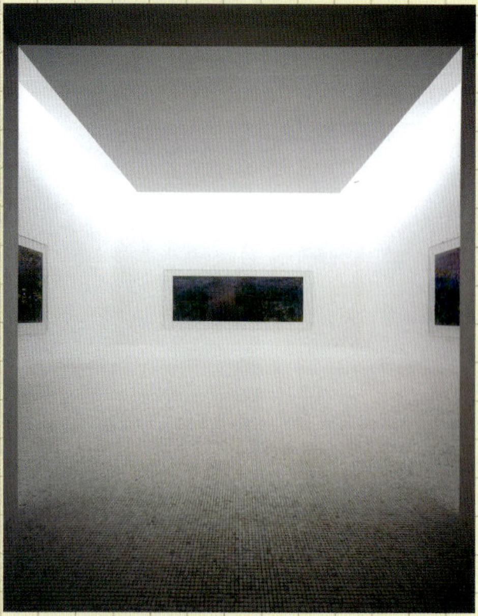

生活圏の中にあるアートを歩きながら楽しむ

本村（ほんむら）地区で展開されているアートプロジェクト。さまざまなアーティストが空き家などを改修し、空間そのものを作品化した。作品は地域に点在しており、現在も生活が続く本村を散策しながら鑑賞する。「きんざ」のみウェブからの事前予約が必要。

家プロジェクト「南寺」安藤忠雄（設計）
写真:鈴木研一

家プロジェクト「角屋」　写真:上野則宏

いえぷろじぇくと
家プロジェクト
🏠 香川県香川郡直島町本村地区　📞 087-892-3223（ベネッセハウス）　🕐 10:00〜16:30（「南寺」は最終入館16:15）　🚫 月曜（祝日の場合開館、翌日休）　¥ 共通チケット1,030円（「きんざ」を除く6軒を鑑賞）、ワンサイトチケット410円（「きんざ」を除く1軒を鑑賞）　※15歳以下は無料　🗺 P.53 C-3

山と海に囲まれ、建物と作品が呼応する

ヨーロッパを中心に国際的に活躍する李禹煥（リ・ウーファン）の絵画や彫刻が、安藤忠雄設計の半地下構造の建物の中に展示されている。屋外にも作品があり、直島の豊かな自然とともに作品が鑑賞できるのも魅力。作品と一体化された静かな空間を感じてみよう。

り・うーふぁんびじゅつかん
李禹煥美術館
🏠 香川県香川郡直島町字倉浦1390　📞 087-892-3754　🕐 3月〜9月は10:00〜18:00（最終入館17:30）、10月〜2月は10:00〜17:00（最終入館16:30）　🚫 月曜（祝日の場合開館、翌日休）　¥ 1,030円　🗺 P.53 C-3

李禹煥美術館　写真:山本糾

ANDO MUSEUM
写真:浅田美浩

民家の中で楽しむ安藤建築のすべて

本村地区にある築約100年の木造民家の中に、打ち放しコンクリートの空間が広がり、建物そのものが作品となっているミュージアム。安藤忠雄がこれまでに取り組んできた活動や直島の歴史を伝える写真、スケッチなどを空間とともに鑑賞できる。

あんどう みゅーじあむ
ANDO MUSEUM
🏠 香川県香川郡直島町763-2　📞 087-892-3754　🕐 10:00〜16:30　🚫 月曜（祝日の場合開館、翌日休）　¥ 510円　※15歳以下は無料　🗺 P.53 C-3

安田侃"天秘"　写真:山本糾

ベネッセハウス　写真:山本糾

ベネッセハウスミュージアム　写真:大林直治

「作品に一番近い」ホテルでアートに触れる

「自然・建築・アートの共生」をコンセプトにした、美術館とホテルが一体となった施設。瀬戸内海が一望できる高台にあり、設計はすべて安藤忠雄。館内外の至るところに、アーティストがその場所のためだけに制作した作品が点在している。

ベネッセハウス《べねっせはうす》 ミュージアム《みゅーじあむ》

香川県香川郡琴弾地　087-892-3223　8:00～21:00（最終入館20:00）
無休（メンテナンス休館あり）　M P.53 C-4
ミュージアム：￥1,030円　※15歳以下とベネッセハウス宿泊者は無料
ホテル：1泊1室2名様 ￥32,076円～

玄米や野菜を中心とした体にやさしいランチや、卵や乳製品を使わないスイーツを提供してくれる。中でも岡山県産の有機玄米のもっちりとした食感はクセになりそう。向かいには「島宿あいすなお」もある。

玄米心食《げんまいしんしょく》 あいすなお《あいすなお》

香川県香川郡直島町761-1
087-892-3830　11:00～16:00　月曜、不定休　宮浦港から町営バス「農協前」下車、徒歩5分　M P.53 C-3

本村地区の風情ある町並みにある古民家。ベジタリアンやビーガンの人も安心のメニューがそろう

取材メモ

こちらでは、玄米を約12時間水に浸し、圧力釜で炊いたのち、3日間ほど保温して出来上がる「酵素玄米」という料理法を採用。ダイエットや美肌にも効果があるのだそう！

築80年の古民家でいただくヘルシーランチ

玄米と野菜が中心のあいすなおセット（850円）

古くから伝わる島料理を堪能

看板料理の茶粥や、島の郷土料理が楽しめる

築100年を超える古民家を改築したカフェ。瀬戸内に伝わる茶粥を食べやすくアレンジした直島茶粥定食（1,500円）や、家島群島の名物、エビ出汁カレー（850円）など島料理が食べられる。17：30からは国際交流サロンとなり、旅の情報交換もできる。

Iwao's《いわおず》 Cafe《かふぇ》 Seven Islands《せぶんあいらんず》 茶粥亭《ちゃがゆてい》

香川県香川郡直島町884-1　087-892-3885　7:30～9:30（予約のみ）、11:30～21:00　月曜、不定休　宮浦港から町営バス停「役場前」下車、徒歩7分　M P.53 C-2

取材メモ

種から育てた自家製シソジュースがとっても美味しい！ビーガン、ベジタリアン向けのメニューもあって外国人観光客にもぴったり。

古民家をリノベーションしアートな宿に

家プロジェクトがある本村に位置する宿。本村の町並みを見下ろせる高台にあり、坂を登ると瀬戸内海を見渡すことができる。館内はもちろん庭のいたるところでアーティスト細見博子氏の作品が楽しめるほか、ご家族や団体での貸切も可能。静かな環境でゆっくりアートに触れたい方に。

女性・男性専用ドミトリーもあり、ひとり旅にも安心

Bamboo《ばんぶー》 Village《びれっじ》

香川県香川郡直島町3299-2　087-892-3739　不定休
宮浦港から町営バス停「役場前」下車、徒歩5分　M P.53 C-3

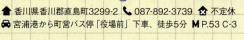

友人の家に招かれたような
アットホーム感がうれしい

海が広がる庭と、
開放的な縁側

青々とした芝生の庭に出ると、目の前に瀬戸内海が広がる。縁側から店内に入り、まるで田舎に帰ってきたような気持ちにさせてくれる和室で食事ができる。自家製のカレーと焼きたてピザは絶品。リンゴが入った 直島リンゴケーキ(400円) はテイクアウトも可能。

ピザ(1,100円～)のほか、季節野菜とシーフードのカレー(950円)も人気

Cafe《かふぇ》 Restaurant《れすとらん》 Garden《がーでん》

香川県香川郡直島町843-1 087-892-3301 11:30～夕方
月曜 宮浦港から町営バス停「農協前」下車、徒歩1分 M P.53 C-2

リゾットはスープと
サラダ、ドリンク付き
(1,300円～)

取材メモ

オープン当初から根強い人気の「クリームチーズのリゾット」。ホエー豚のベーコンを使用した濃厚な旨味がクセになりそう。

時間を忘れて
ゆるさを楽しむ

デッキスペースで海を眺めながら
気ままなひとときを

"世界屈指の「ゆるさ」が売り" というアットホームなカフェ。本村港の近くにあり、目の前に海が広がるロケーション。店内では食事はもちろん、様々な作家による雑貨の販売もある。ペットOKのウッドデッキで、船の時間を待ちながら過ごせそう。

直島カフェ《なおしまかふぇ》 コンニチハ《こんにちは》

香川県香川郡直島町845-7 087-892-3308 夏季は10:00～20:00頃、冬季は10:00～18:00頃 不定休 宮浦港から町営バス「農協前」下車、徒歩すぐ、本村港から徒歩すぐ M P.53 C-2

直島の特産品である海苔をふんだんに使った
直島☆のりのり丼(800円)

ユニークな
アイデアがたっぷり

香川大学の学生による地域活性化プロジェクトのひとつ。古民家を改装した店内のインテリアや、メニュー、調理、接客、会計に至るまで現役大学生が運営している。スイーツメニューもあるので、お茶の時間の利用もオススメ。

取材メモ

夏はかき氷、冬は香川県の郷土料理であるあんもち雑煮など、期間限定メニューも提供しているそう。ぜひトライしてみて!

和カフェ《わかふぇ》 ぐぅ《ぐぅ》

香川県香川郡直島町836 11:00～17:30(LO17:00) 月～金曜 宮浦港から町営バス停「農協前」下車、徒歩3分 M P.53 C-2

強いコシが人気の
海辺のうどん店

お客さんのほとんどが
注文するという
人気メニュー

フェリーからも見える黒いモダンな建物のうどん店は、地元の人たちはもとより外国人観光客にも人気。強い弾力のしっかりとした麺が特徴で、いりこの香り高い出汁と絡めていただく。中でも人気は温玉肉ぶっかけ(530円)で、甘辛く煮込んだ牛肉は癖になる美味しさ。

木の崎うどん《きのさきうどん》

香川県香川郡直島町2071-4 080-8636-7903 11:00～14:00
木曜 宮浦港から徒歩3分 M P.53 B-3

海鮮丼(3,500円・税抜)には
高級魚介がたっぷりと

季節ごとの最良の
魚をたっぷりと

毎日市場から届く新鮮な魚でお出迎え。旬の魚を食べてほしいとの思いから、定番の魚を決めず、その日の最良の魚を使った料理を提供しているため、瀬戸内の美味しい風味を堪能できる。一棟貸しの宿やオーシャンビューが望める宿もあり、海外からのお客様にも人気。

魚河岸《うおがし》 7070《なおなお》

大きな大漁旗が目印。国内外のゲストで連日にぎわう

香川県香川郡直島町2298-1
090-2544-1124
11:30 ～ 13:30、17:30 ～ 20:30
日、月曜
宮浦港から徒歩2分 M P.53 B-3

自然に囲まれた
静かな空間

賑やかな港から少し離れた静かな場所に建つ。窓から見える美しい風景や満点の星空を眺めながら、ゆっくり過ごすことができる。部屋は和室と洋室が合わせて3つ。個室なので周りを気にせず旅を楽しめそう。1階にあるカフェのみの利用も可能。

宿泊者にはうれしい
朝食のサービス付き

guest room《げすとるーむ》 青い鳥《あおいとり》

香川県香川郡直島町2794-11　087-892-2012　カフェ11:00 ～ 17:00　月曜、不定休　宮浦港から町営バス停「中学校前」下車、徒歩10分 M P.53 C-2

おまかせコース(3,000円～・税抜)は2名から受付

和食・割烹店で修行を積んだ店主が作る料理を味わえる。刺身、焼き物、揚げ物など魚三昧のおまかせコースのほか、新鮮な魚介を使ったメニューがずらり。店内には座敷や宴会スペースもあるため、ワイワイ賑やかに楽しむこともできそう。

割烹仕込みの
クオリティを堪能

ニューおりんぴあ《にゅーおりんぴあ》

香川県香川郡直島町2310-30
087-892-3092　17:00 ～ 22:00(LO21:00)　日曜(月曜が祝日の場合月曜休)　宮浦港から徒歩5分 M P.53 B-3

地元の人たちも多く訪れるので、おすすめスポットをゲットできるかも

カジュアルなひとときを
過ごしたい夜に

宮浦港から歩いてすぐの好立地。コーヒーやモヒートなどのカクテルや、直島限定麦酒3種類が飲める。また、SARUオリジナルホットドッグやパスタなどのフードメニューもあるので、深夜におなかが空いた時の心強い味方にもなってくれそう。

BAR《ばー》 SARU《さる》

香川県香川郡直島町2243　080-3697-9940　16:00 ～ 24:00
木曜　宮浦港から徒歩すぐ M P.53 B-3

鮮度バツグンの
魚介をいただく

旬の魚は朝と夕の2
回仕入れている

直島近海で獲れた魚と旬の野菜を使った料理が自慢。魚料理はその日の仕入れによって種類が変わるため、訪れるたびに違った旬の味覚が楽しめそう。定食の味噌汁はカメノテで出汁を取っており旨味たっぷり。隣の「ギャラリー NaoPAM」でアート展示やマルシェも開催。

島食Doみやんだ《しましょくどうみやんだ》

香川県香川郡直島町2268-2　087-813-4400　11:30 ～ 14:00(LO13:30)、17:30 ～ 20:00 (LO19:30)　月曜(美術館休館日に準ずる)、不定休　宮浦港から徒歩3分 M P.53 B-3

豊島

Teshima

よっこらしょの上り道。
一度立ち止まり振り返ってみて

瀬戸内海の東部に位置する小さな島。檀山《だんやま》の湧き水を生かした、雄大に広がる棚田とオーシャンビューは、まさに絶景の島アート。かつて乳牛飼育も盛んで「ミルクの島」とも呼ばれていた豊島。自然、食、現代アートが融合したハートフルな島へ出かけてみよう。

豊島 ひとこと ガイド

- レンタサイクルで周遊がおすすめ
- 島から望む夕景は絶景ビュー
- インスタ映えのスポットが多数

島あるき裏話

島を周遊するローカルバス。途中、バスに乗り遅れてしまった坂道を歩く観光客を快く乗車させてくれていた運転手さんのやさしさにもほっこり。

ライター／山地美奈

檀山展望台

島の中心にそびえる、標高300mの展望台。360度瀬戸内海を見下ろせます。付近には「豊峰権現の森」が広がっている。

薬師寺の首なし地蔵

お堂の中におびただしい数のお地蔵様の顔。この首を持ち帰ると、首から上の病気にご利益があるといわれている。

アートと島食材を満喫

ベネッセアートサイト直島

音と映像が一体化した躍動感

海沿いの古民家を舞台とし、各部屋に映像やサウンドによるインスタレーションを展開。それが響き合うことで、まるで家そのものが身体のように感じられる作品。

豊島シーウォールハウス《てしましーうぉーるはうす》

香川県小豆郡土庄町豊島家浦423 10:30 ～ 16:30
不定休（開館日程はベネッセアートサイト直島の開館カレンダーにて確認）¥ 鑑賞料 510円（15歳以下無料） 家浦港から電動自転車で約7分 M P.63 B-1
http://benesse-artsite.jp/art/seawall-house.html

豊島シーウォールハウス　写真：大林 直治

豊島美術館　写真：鈴木研一

豊島美術館　写真：鈴木研一

島のシンボリックな美術館

建築家・西沢立衛氏とアーティスト・内藤礼氏による、柱を一本も使用していない、まるで水滴を彷彿させるような建物。風、音、光。自然と建築が融合した美術館。

豊島美術館《てしまびじゅつかん》

香川県小豆郡土庄町豊島唐櫃607 0879-68-3555 10:00 ～ 17:00 火曜（3月1日～ 11月30日まで）、火～木曜（12月1日～ 2月末日）※ただし祝日の場合は開館、翌日休館 ※ただし月曜日が祝日の場合は、火曜開館、翌水曜休館 ¥ 1,540円（15歳以下無料） 家浦・唐櫃港からシャトルバス「豊島美術館」下車すぐ M P.63 D-2
http://benesse-artsite.jp/art/teshima-artmuseum.html

週末プチトリップを楽しめる
自然とアートが満ちる島

高松港から船で約35分。豊島の玄関口、家浦港に到着。港に到着した瞬間、感じる島の匂い。一気に非日常の島時間が広がる。見渡す限り広がる海と山が出迎えてくれるこの島は、県道255号線がメインストリート。この道を辿れば、島を一周できるシンプルなコースで、一周約12キロ。人口約800人の小さな島として知られる豊島では、シャトルバスに乗るか、そよ風をダイレクトに感じられる電動自転車を漕いで楽しむのがおすすめ。港近くにはいくつかレンタサイクルショップが点在しているので、利便性も高い。

日向ぼっこしている猫や穏やかな海を横目に自転車を漕いで行けば「豊島シーウォールハウス」に到着。音で表現される空間をじっくり楽しみ、また自転車を漕いでいく。すると緩急のある坂道が現れ、さらに山間の道をひたすら漕ぐ。ようやく緩やかになった頃には、小高い丘に。檀山の裾野に位置する集落には、現在まで枯れたことがないといわれる豊かな湧き水の

苺ソーダ（500円）、キウイ豆乳（500円）など
濃厚な果実が詰まったドリンクが人気

フレッシュフルーツが主役

女峰を栽培しているイチゴ農家のフレッシュ苺や無農薬の果物のソーダや豆乳が楽しめる店。民泊施設も併設され、ゆったりと旅の余韻に浸れる（1泊3,500円〜、食事付きも可能）、島の癒し処。

カフェ《かふぇ》 甘香《あまか》

香川県小豆郡土庄町豊島家浦3837-5　0879-68-3004　11:00 〜 17:00　不定休　家浦港から徒歩3分　M P.63 B-2

五感を刺激するライブパフォーマンス

手作りの映像機や楽器を使い、音、光、色で独創的世界観を映し出す。アナログとデジタルを駆使した圧巻のパフォーマンスは、国内外問わず注目を浴びている。

鑑賞料は大人（1,000円）、高校生・大学生（500円）、中学生以下無料

豊島ウサギニンゲン劇場《てしまうさぎにんげんげきじょう》

香川県小豆郡土庄町豊島唐櫃1285　0879-62-9141　公演日は要確認　家浦港からシャトルバス「清水前」下車、徒歩1分　M P.63 C-2　http://usaginingen.com/

豊かな島のたっぷり旬野菜のベジプレート（1,260円）＋200円でドリンク付

島野菜の美味しさにほっこり

自然豊かな畑でおばあちゃんたちが心を込めて育てた野菜をふんだんに盛り込んだプレートが人気。酵素ジュースなど身体想いなメニューが豊富で旅の疲れを癒してくれる。

食堂101号室《しょくどういちまるいちごうしつ》

香川県小豆郡土庄町豊島唐櫃1053　11:30〜16:00（LO15:30）、18:00 〜 20:00（LO19:30）※夜は要予約　不定休　家浦港からシャトルバス「唐櫃集会所前」下車、徒歩3分　M P.63 C-2
https://shokudou101.life

出ている場所「唐櫃《からと》の清水」があり、その先には「ウサギニンゲン劇場」が。独創的手法から繰り出される音と映像は圧巻だ。その世界観にぐっと惹きこまれ、感動の余韻に浸りながら「食堂101号室」で、島の恵みを味わう。栄養たっぷりの島野菜でエネルギー補給し、さらに旅路を行けば、島を代表する名スポットに到着。海を望む傾斜には雄大な棚田が一面に広がり、空と大地を独り占めしたような錯覚にとらわれる。

自然と人々の暮らしが積み重ねてきた光景の美しさに身を委ねる島時間は最高の贅沢。近くに佇む「豊島美術館」に立ち寄り、自然と融合したアートを堪能。心地よい風に包まれながら、爽快な気分で自転車を漕ぐ。頑張った自分へのご褒美に、ラストは「甘香」でフレッシュジュースを飲みながらほっとひと休み。

山の息吹と青空、眩しく降り注ぐ太陽の光をキラキラと輝かせる海を楽しめる極上プラン。まさにのんびり、ぐるり島一周のプチトリップ。自然が豊かで島文化が今なお色濃く残る、週末旅行にちょうどいい場所だ。

1階にはライブラリースペースがあり、ゆったりと読書時間を楽しめる。また、キッチンではクラフトビールやワインを取り揃え、陶磁器は林拓児の器を使用。ディテールにこだわり、空間すべてにおいて島とアートが融合している

「海」と「棚田」の間に佇む暮らすように泊まる、滞在型ステイ

築50年に近い民家をミナ ペルホネンデザイナー・皆川明がディレクション、SIMPLICITYデザイナー緒方慎一郎が設計し、一棟貸しの宿としてリノベーション。どこにいても海が見えるよう設計された空間は、風通しが良く、島旅の疲れをそっと癒してくれる。

1階にはリビング、ダイニング、バスルーム、2階は海を眺めるためのスペースを配置。ミナ ペルホネンのファブリックを使用したソファはリビングより一段低く設定され、目前に広がる棚田と玄関越しの海を満喫できる開放感を誘う。食事も島の食材を使用したディナーや朝食が味わえ、ゆったりと静かな時を過ごせる「最高の贅沢」を演出している。

ウミトタ《うみとた》

香川県小豆郡土庄町豊島家浦423-2 0879-68-3386(9:00～18:00) チェックイン14:00～18:00、チェックアウト10:00 月～木曜 家浦港から電動自転車で約5分、徒歩約15分 M P.63 B-1
https://www.umitota.jp/

豊島横尾館　写真：山本糾

横尾忠則の世界観に浸れる美術館

古い民家を生かし、「母屋」「倉」「納屋」などで構成された美術館。三連の大作絵画「原始宇宙」をはじめ、平面作品11点やインスタレーションを展示。光や色により、作品の表情を変容。空間体験をコラージュのようにつなげた、アート体験が楽しめる。

豊島横尾館　写真：山本糾

豊島横尾館《てしまよこおかん》

香川県小豆郡土庄町豊島家浦2359　0879-68-3555（豊島美術館）　10:00～17:00　火曜（3月1日～11月30日まで）、火～木曜（12月1日～2月末日）※祝日の場合は開館、翌日休館※月曜もしくは火曜が祝日の場合は、翌水曜休館　¥510円　家浦港から徒歩3分　M P.63 B-2
http://benesse-artsite.jp/art/teshima-yokoohouse.html

クリスチャン・ボルタンスキー「心臓音のアーカイブ」　写真：久家靖秀

驚きと感動が沸き起こる心臓音

人々が生きた証として、世界中の人々の心臓音をアーカイブし、恒久的に保存している美術館。真っ暗な空間に心臓音が響く様は圧巻で、心に残る体感アートが楽しめる。館内の「レコーディングルーム」では、自分の心臓音を収録、保存することもできる。（別途料金）

心臓音のアーカイブ《しんぞうおんのあーかいぶ》

香川県小豆郡土庄町豊島唐櫃2801-1　0879-68-3555（豊島美術館）　10:00～17:00　火曜（3月1日～11月30日まで）、火～木曜（12月1日～2月末日）※ただし祝日の場合は開館、翌日休館※月曜もしくは火曜が祝日の場合は、翌水曜休館　¥510円　唐櫃港から徒歩約15分、家浦港から電動自転車で約40分
M P.63 D-2　http://benesse-artsite.jp/art/boltanski.html

テーマは島の特産「レモン」

誰もが持つ、淡い気持ちを呼びさます、ドキドキ感とワクワク感が体感できるスポット。イヤホンガイダンスに従えば、きっとラストは誰もが「ほほ檸檬」したくなる衝動に。また1泊1棟で（49,680円～、2～5名）宿泊もできる。作品鑑賞してレスカをスカッと爽快に味わおう。

自家製シロップで仕上げたレスカ（500円）は爽やかな喉ごし！

檸檬ホテル《れもんほてる》

香川県小豆郡土庄町豊島唐櫃984　作品鑑賞（事前予約制）※詳細はHP参照　火、水曜　家浦港からバスで唐櫃岡集会所前下車、徒歩3分　M P.63 C-2　http://lemonhotel.jp

イキがいい漁師飯のご馳走

家浦港を降りてすぐ、潮風香る港に佇む店。島の漁師たちが獲った、鮮度の高い魚を煮魚や唐揚げ、フライなどにした定食スタイルで提供。獲れたてピチピチの魚の旨味を存分に味わえる贅沢さが魅力。店内では朝8時から鮮魚の販売もあり、人気を呼んでいる。

豊島鮮魚《てしませんぎょ》

香川県小豆郡土庄町豊島家浦3841-8
0879-68-3667　10:30～LO14:00、魚販売8:00～　火～金曜（芸術祭開催時は火、水曜）　家浦港から徒歩すぐ　M P.63 B-2

取材メモ

檸檬づくしのホテルは、ユーモアと遊び心がたっぷり。作品鑑賞やカフェスペースは宿泊しない人も利用できます。

丸ごと一尾を使用した焼き魚定食（1,500円）

豊島　直島　犬島　小豆島　男木島　女木島

風景にとけこむ アートをたずねて

瀬戸内の各島には、ベネッセアートサイト直島が手がけた作品をはじめ、数多くのアートが点在。島の風景や暮らしにとけこんだ作品の楽しみ方を案内する。

Visiting art 1

小豆島

2

1

3

1.岸本真之「つぎつぎきんつぎ」Photo : Yasushi Ichikawa
2.秩父前衛派「ダイナマイト・トラヴァース変奏曲」Photo : Yasushi Ichikawa
※現在は大坂城残石記念公園に展示されている
3.京都造形芸術大学城戸崎和佐ゼミ+graf「竹の茶室」 Photo : Yasushi Ichikawa
（map P.28.29）（2016年作品。現在は公開終了している）

島の営みの寄り添い 響きあう3つの作品

小豆島には、昔ながらの製法で醤油をつくる蔵があり、島を歩いているとどこからともなく醤油の香りが漂う。そんな島の営みをモチーフにしたアートに出会った。かつての醤油蔵に展示されているのは「つぎつぎきんつぎ」。岸本真之さんの作品。お皿や急須、丼など島内の家庭から持ち寄られた陶磁器を金継ぎの技法でつなぎ合わせたオブジェだ。作品を通して島の暮らし、営みの情景が眼に浮かぶ。2016年に展示された「竹の茶屋」は、モダンなデザインの建物。島ののどかな景観に、爽やかなアートの風を吹かせている。

小豆島は良質な花崗岩の産地でもあり、大坂城の築城や再建にも丁場からたくさんの石が運ばれた。その残石がある大坂城残石記念公園に設置されているのは「ダイナマイト・トラヴァース／変奏曲」。図形楽譜を石版に刻んだこの作品は、あたかも音を奏でているかのよう。いずれの作品も作者の想いと島の風土が融合し、アートとして昇華されたものだ。

ベネッセアートサイト直島

4.草間彌生"南瓜"　写真：安斎重男
5.家プロジェクト「護王神社」　写真：杉本博司
6.家プロジェクト「石橋」　写真：鈴木研一
7.大竹伸朗　直島銭湯「I♥湯」(2009)
写真：渡邊修
(map P.53)

6

4

7

5

9

8

8.安藤忠雄「桜の迷宮」Photo:Yasushi Ichikawa
9.ジョゼ・デ・ギマランイス「Bunraku Puppet」
Photo:Yasushi Ichikawa
(map P.53)

3つの島にまたがる「ベネッセアートサイト直島」とは

ベネッセアートサイト直島とは、1980年代より始まったベネッセホールディングスと福武財団が直島、豊島、犬島で展開する現代アートによるさまざまな活動のこと。瀬戸内の景観や集落の歴史などを踏まえて制作・設置された作品が多い。

世界中から人々が訪れる現代アートの聖地

1992年のベネッセハウス開館以降、直島は現代アートの島として、日本だけではなく世界のアートファンが訪れる島となった。フェリーから降りてすぐの宮浦港周辺には、直島女文楽の人形の動きや着物の裾さばきに着想を得たジョゼ・デ・ギマランイスの立体作品「Bunraku Puppet」など、芝生の上に赤や青のカラフルな作品が点在。美術館とホテルが一体となったベネッセハウス ミュージアムの周辺には、草間彌生の「南瓜」をはじめ、さまざまな国のアーティストが手がけた作品が集まる。また、古い家屋などを改修し、空間そのものを作品化した本村地区の「家プロジェクト」では、町並みを楽しみながらアートに触れることができる。地中美術館と家プロジェクトの間にある広木池や直島ダム周辺には約130本の桜を植樹した「桜の迷宮」があり、春のお花見シーズンにのんびり散策するのもおすすめだ。アート鑑賞の締めくくりは、多様なオブジェで構成された直島銭湯「I♥湯」で。

Visiting art 3

豊島

10.豊島八百万ラボ　写真：表恒匡
11.ジャネット・カーディフ&
ジョージ・ビュレス・ミラー
"ストーム・ハウス" 写真：鈴木心
12.ささやきの森　写真：市川靖史
13.大竹伸朗「針工場」　写真：宮脇慎太郎
(map P.63)

10

11

13

12

自然あふれる場所で「わたし」を実感する

なだらかな棚田の向こうに広がる青い海、神社の境内から湧き出る清水、そして島の中央に頂く檀山。豊島はその名前のとおり、豊かな自然が魅力の島。檀山の中腹にある森林のなかで、４００個の風鈴が風に揺れ動き静かな音を奏でる「ささやきの森」や、嵐がやってきて過ぎ去るまでの10分間を光や水の動き、サウンドを通して体感できる「ストーム・ハウス」など、自然のなかで自分を再確認させられるような作品が集まる。また、島の南西、海辺に位置する甲生地区につくられた「豊島八百万ラボ」は、改修した民家でアートと科学のコラボレーションによって新たな神話を生み出そうとする施設。豊かな自然に恵まれた場所での体験を通して、科学の進歩とともに歩む私たちに、新しい視点を提示してくれる。豊島の家浦岡集落に眠るメリヤス針の製造工場跡に、宇和島の造船所で約30年間放置されていた鯛網漁船の木型を設置した、大竹伸朗の「針工場」も見どころ。

Visiting art

4

女木島

14

15

16

17

18

14.オニノコプロダクション「オニノコ瓦プロジェクト」
Photo: Kimito Takahashi
15.依田洋一朗「ISLAND THEATRE MEGI『女木島名画座』」
Photo:Yasushi Ichikawa
16.禿鷹墳上「20世紀の回想」Photo:Yasushi Ichikawa
17.木村崇人「カモメの駐車場」Photo: Osamu Nakamura
18.杉浦康益「段々の風」Photo: Kimito Takahashi
(map P.78)

カモメがやってくる瀬戸内海の休息所

鬼ヶ島伝説が残る女木島。海を移動する人たちにとって、島は休息所の役割を果たしていた。港では、風の形を視覚化した「カモメの駐車場」と、グランドピアノの上に大航海時代を象徴した4本の帆が立つ「20世紀の回想」がお出迎え。古いピアノからは音楽が流れ、海の波の音と呼応しながら奏でられる旋律を楽しむことができる。また、住吉神社近くの見晴らしのよい丘につくられた「段々の風」は、約400個もの陶製ブロックを曲線を描くように設置した作品。かつて段々畑だった場所にあり、町並みと海が見渡せるような光景と作品の一体化をはかってつくられた。瀬戸内海を望む大パノラマが楽しめるとともに、坂の下から見上げるとヨーロッパに残る遺跡の壁のようにも見える。女木小学校の近くにある「女木島名画座」は、シアター仕立ての絵画と映像によるインスタレーションが楽しめる作品。ロビーには映画スターのブロマイドや絵画などが展示されている。

Visiting art

5

男木島

19

20

21

22

19.レジーナ・シルベイラ「青空を夢見て」Photo:Yasushi Ichikawa
20.オンバ・ファクトリー「オンバ・ファクトリー」Photo:Osamu Nakamura
21.栗真由美「記憶のボトル」Photo:Yasushi Ichikawa
22.ジャウメ・プレンサ「男木島の魂」Photo: Osamu Nakamura
(map P.79)

細い路地を迷いながら歩きアートに出会う

歩いてすべての作品を見て回ることができる男木島。屋根に手が届くほど密集する集落の間を迷いながら歩けば、地図がなくてもさまざまな作品に出会える。カラフルなオンバ（乳母車）を引くお母さんに出会ったら、ぜひ声をかけてみよう。これは「オンバ・ファクトリー」の作品で、島の人の生活必需品であるオンバにペイントや装飾を施し、日常的に使えるアートに仕立てたもの。お母さんから島の話を聞くことができるかもしれない。「オンバ・ファクトリー」から細い路地を北へ進むと、島の人たちの思い出を詰め込んだ「記憶のボトル」がある。また、南へ進むと島の小・中学校があり、真っ青に色づけされた体育館が目の前に出現。レジーナ・シルベイラの「青空を夢見て」は、作者が島を訪れたとき、強烈に感激したという瀬戸内の青い空と光をイメージした作品。子どもたちに詩的な体験をさせたいという願いが込められている。敷地内は立ち入り禁止なので、外から眺めて鑑賞しよう。

23

26

25

24

23.犬島「家プロジェクト」C邸　下平千夏「エーテル」2015　c.下平千夏
24.犬島「家プロジェクト」A邸　ベアトリス・ミリャーゼス「Yellow Flower Dream」写真：井上嘉和
25.犬島「家プロジェクト」F邸　写真：Takashi Homma
26.犬島「家プロジェクト」I邸　オラファー・エリアソン「Self-loop」2015　写真：市川靖史
(map P.85)

集落内のアートをめぐり島の人との出会いも楽しもう

歩いて1時間ほどで一周できる犬島。明治末期から大正初期にかけて犬島製錬所が稼動しており、その煙突は今では犬島の象徴とも言える存在となっている。路地を散策しながら楽しめる犬島「家プロジェクト」では、集落内に5つのギャラリーと野外展示作品が点在。アートと建築が、島の風景や暮らし、人々と一体となるような活動を展開している。そのひとつであるC邸は、瀬戸内海を望む坂道に位置する築200年の建物を改修したギャラリー。なかにある作品「エーテル」は、広い空間に光の線のような強い発色の水糸が縦横無尽に張り巡らされたインスタレーションだ。作品はハンモックのようになっており、なんとその上に座ることもできる。横たわって揺られながらゆっくりと楽しもう。C邸から少し下ったところにあるI邸には、向かい合う3つの鏡で構成された「Self-loop」が展示されている。風景と自分自身が無限に映し出される作品の中央に立ち、不思議な感覚を体験してみよう。

鬼ヶ島伝説が残る島

女木島

Megijima

島内に謎の洞窟が発見されたことから、「桃太郎」に登場する鬼ヶ島だといわれる女木島。海岸には冬の強風から家を守る石垣「オーテ」が残り、夏は海水浴場として賑わいます。高松港から、フェリー「めおん号」に乗って20分。気軽にトリップ感が味わえるのも魅力。

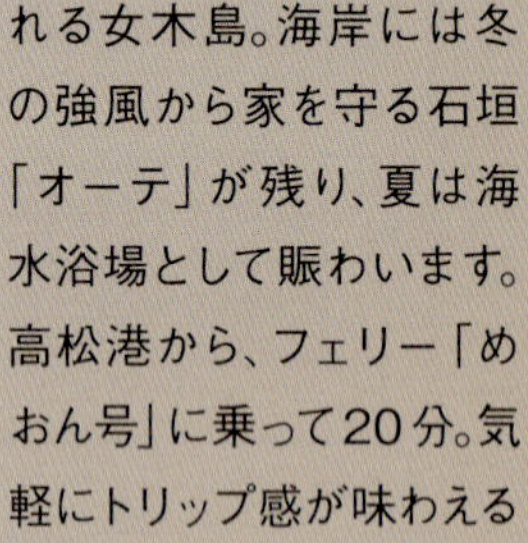

島ビーチで暮らすように楽しむ

海が見える抜群のロケーションとアンティーク家具に囲まれた、「女木島ビーチアパート」で、プチリゾート気分を満喫。

日頃の喧騒を忘れ、波の音を聴きながらゆったりと過ごす贅沢。

高松港からフェリーに乗って20分。ひょうたんのような形が特徴的な女木島が見えてくる。港に降り立つと潮風の匂い。振り返るとキラキラと輝く海の向こうにサンポート高松が見える。港から海岸線沿いを歩いて10分ほどで到着。もとは海の家だったという白い建物は開放感に溢れ、青い扉を開けるとまるで異国に迷い込んだような空間が広がっている。エントランスでチェックインを済ませ、まずは共有スペースのリビングダイニングへ。アンティークの大きなテーブルや書棚、真ん中には座り心地のよさそうなソファが置いて

2

1

5

4

3

1.目の前はすぐ海という抜群のロケーション。2.海辺をのんびりと散歩してリフレッシュ。
3.もともと海の家だった2棟をつなげてリノベーション。4.窓から瀬戸内海が一望できる宿泊室(2F洋室2ベッド)。
5.屋外にある開放的なバスルームはまさにリゾート

ある。壁には香川県出身の画家・川島猛氏の色鮮やかなレリーフ。

窓の向こうには芝生の庭と、どこまでも広がる海。「海水浴が楽しめる夏はもちろん、春や秋もゆっくり過ごせておすすめですよ」と管理人の川村泰英さん。海外からの宿泊客も多く、ここを拠点に島めぐりや読書、ウォーキングなど思い思いのスタイルで過ごしているそう。キッチンもあるので自炊もOK。高松へも近いので別荘感覚でロングステイしたくなる。部屋は全部で5つ。海側の部屋からは月明りの瀬戸内海が美しく、波の音を聴きながらぐっすりと眠りにつくことができそうだ。

瀬戸内ステイ《せとうちすてい》
女木島ビーチアパート《めぎじまびーちあぱーと》

香川県高松市女木町453-1　087-821-1810
9:00～19:00　女木港から徒歩8分
M P.78 C-3

※全5部屋(2名¥16,000～)、1棟貸し朝食付き(13名まで¥100,000)。時期により価格変更あり。ピザ窯貸出し¥4,000/1回(薪込・税抜)、バーベキューコンロ¥1,500/1台(炭込・税抜)、要予約

旅の手帖

見どころ案内

桃太郎伝説が宿る、洞窟を探検

島の中央、鷲ヶ峰の中腹、紀元前100年頃に造られたといわれ、桃太郎伝説で知られる洞窟。入り口から出口まで約400mの長さの洞窟は、夏でも冷んやりと涼しく「鬼の大広間」や「鬼番人の控え室」などを再現。表情豊かな鬼や桃太郎が、洞窟の中で待ち構えている。

鬼ヶ島大洞窟《おにがしまだいどうくつ》

香川県高松市女木町2633　087-840-9055（鬼ヶ島観光協会）　8:30 ～ 17:00（入場は16:30まで）　無休　女木港からバス「大洞窟」下車、徒歩すぐ　M P.78 C-2

洞窟一番奥の「鬼大将の部屋」には大きな赤鬼が鎮座

女木港が見えてくると目にするのがこの施設。鬼が手を広げた姿をイメージした館内は、島の案内地図が入手できる観光案内インフォメーションや鬼伝説の資料や鬼の面などを展示した「鬼の間」、軽食堂で構成。レンタサイクルやバス乗り場もある、まさに女木島めぐりのスタート地点。

鬼ヶ島おにの館《おにがしまおにのやかた》

香川県高松市女木町15-22
087-873-0728　8:00 ～ 17:00（おにの館）、10:00 ～ 14:20（食堂）　無休（おにの館）、月、火曜（食堂）　女木港から徒歩すぐ
M P.78 C-3

鬼の角に見たてたエビの天ぷら入りのうどん（大800円）

女木島の旅を誘う、玄関口！

ノスタルジックな光景が広がる石垣

冬になると北西から吹き下ろす「オトシ」と呼ばれる強風や巻き上げる波しぶきから集落を守る、高さ約3 ～ 4m、長さ約15 ～ 20mの石垣。女木港周辺で見られる独特な光景は、島や近隣の島の石が使われており、どこか異国情緒を漂わせる不思議な雰囲気を醸し出す。

オーテ《おーて》

女木港から徒歩すぐ　M P.78 C-3

取材メモ

港を降りて歩いていると目にする「オーテ」。島暮らしの知恵が織りなす光景を散策がてら楽しめるのも女木島ならではです。

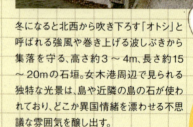

島内最高峰から眺める
オーシャンビュー

鬼ヶ島大洞窟から徒歩約10分。澄み渡る空気の中、南に高松、北に男木島、西に直島と瀬戸内の島々や雄大に広がる瀬戸内海を360度一望できる人気スポット。桜の名所としても知られ、春になれば、辺り一面がピンク色に染まる山間の風景も見どころです。

鷲ヶ峰展望台《わしがみねてんぼうだい》

女木港から徒歩50分 M P.78 C-2

取材メモ

展望台までの坂道を登る途中から遠くの島々の風景を楽しむことができます。島のインスタ映えスポットとしても人気です。

島の漁師から直接仕入れた新鮮な旬魚や畑で育てた島野菜を存分に味わえる定食が人気(完全予約制)。ご主人が丁寧に下ごしらえした一品一品はどれも絶品。2階には瀬戸内海を見渡せるお風呂があり、民泊としても利用でき(1泊2食付8,000円)、素泊まりも可能。

UMIYADO《うみやど》 鬼旬《きしゅん》

香川県高松市女木町453 087-873-0880 11:30～(予約制)
水曜(海開き期間中は定食は休み)
女木港から徒歩3分 M P.78 C-3

海を愛でながら
島の恵みを堪能

旬魚がメインの鬼旬のおまかせランチ(1,500円)

女木島

ベネッセアートサイト直島

女根／めこん Photo:Osamu Watanabe

圧倒的存在感を放つ作品

休校中の小学校の中庭に展開された真っ赤なブイの上に突き刺さったヤシの木。その生命力を軸に女木島の「女」と生命力の象徴として「根っこ」、そして人々の憩いの場として島に「根付いていくこと」への願いが込められた、大竹伸朗による作品。

女根《めこん》／めこん

香川県高松市女木町236-2 女木小学校 10:40～16:30
不定休 ￥510円 女木港から徒歩3分 M P.78 C-3
http://benesse-artsite.jp/

島の暮らしを見守り
続ける海の神

小高い場所に位置する、海の神を祀った島の守り神。2年に1度、8月の第1土日に開かれる、厳格な女人禁制の男祭り「住吉神社大祭」では、島の男たちが太鼓台を担いだまま海に入るという、ダイナミックな光景も目にできる。古くから伝わる希少な本気の祭り。

住吉神社《すみよしじんじゃ》

香川県高松市女木町 女木港から徒歩10分 M P.78 C-3

女木島 ひとこと ガイド

- 夏の海水浴シーズンもおすすめ
- 春の桜も見応えあり
- 鬼の角の形をした石の突堤は必見!

島あるき裏話

大洞窟の入り口で半世紀ほど営んでいるお土産屋「藤井商店」。こちらで販売している「きびだんご」を食べて気分を盛り上げて。

ライター／山地美奈

恋人岬

美しい砂浜と視界を遮るものがない、鬼のような形をした石の突提広場。まるで海の上にいるような感覚でロマンチック気分を誘う。

おにの灯台

身長約2m、白い御影石でできた、大きな鬼と金棒の灯台。海上安全を見守り、瀬戸内海を見渡しながら、毎日女木港で出迎えてくれる。

0　250m　500m

●食事　●アート作品　●見どころ　●宿泊　●その他

学校　神社　寺院　警察署　郵便局　バス停

男木島ひとことガイド

- ■荷物は「男木交流館」に預けて
- ■「まりも荘」は船待ちにも便利
- ■島全部歩いても1日あれば余裕

島あるき裏話

石垣と家が織りなす男木独特の街並みは、女木を出たフェリーが岬を回ると見えてきます。船が港に着くまでの風景が見応えあるのでお見逃し無く。　ライター／篠原楠雄

これもアート？ 島内に点在する案内看板

民家へ続く道の進入禁止を告げる看板は、古民家の瓦を再利用したもの。瓦の風合いが、看板をアートのようにしているのが興味深い。

島に暮らすための工夫から生まれた石垣の風景

男木島の代名詞にもなっている石垣は、平地が少ない男木島に家や畑を作るために組み上げられたもの。急な斜面に、先人の苦労が偲ばれる。

●食事　●アート作品　●見どころ　●宿泊　●その他

文 学校　⛩ 神社　卍 寺院　☒ 警察署　〒 郵便局　バス停

0　200m　400m

迷うほどに好きになる

男木島
Ogijima

高松港からフェリーで40分。古民家と石垣、人情溢れる人たち、そして人を恐れない猫。忙しい街の生活からいつしかそぎ落とされてしまった、古き良きものが、今も息づく男木島は、訪れる者を癒し、ほっとさせてくれる温かみに溢れている。

カメラをもって、迷路の島へ

何世紀にも渡って人の手で積み上げられた石垣と、築百年近い古民家。両者が創り出す「どこを撮っても絵になる」街並みを堪能しよう。

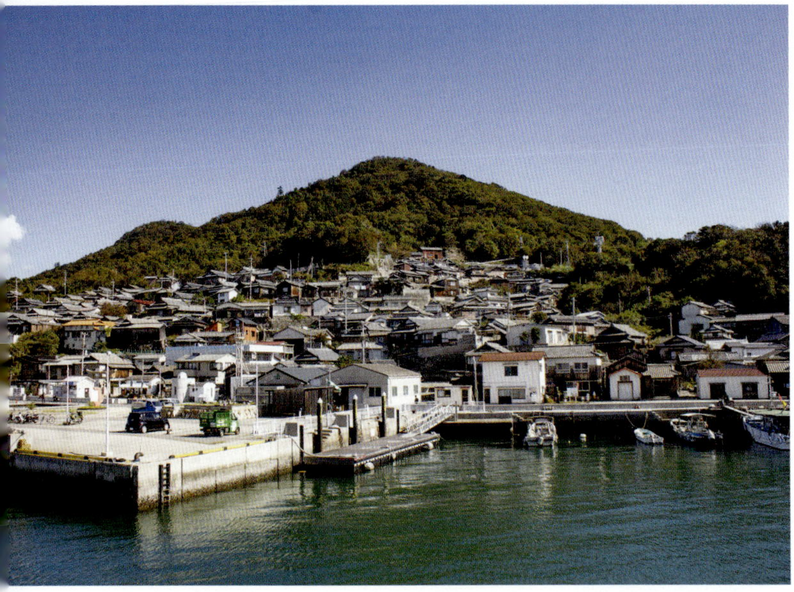

ふだん迷わない人でも迷子になるほど入り組んだ集落。地図アプリも役に立たない

石垣と古民家が織りなす迷路の島

山の中腹まで家を積み上げたように重なる街並みが特徴的な男木島。家々の間を縫うように走る道は、細い枝道や階段に分かれている上、先が見通せないので、どこへ続くのか分かりにくい。そのため地図があっても、目的地に着けないという迷路のような構造になっている。しかし迷子になるという状況を逆に楽しめるのは、街のどこからでも海が見える開放感と、石垣と古民家の醸し出す独特の雰囲気、そして気軽に挨拶や道案内をしてくれる島の人の優しい気づかいがあるからだろう。

　島に着いたらまず「豊玉姫神社」へ。高台にありどこからでも見え

男木島
column

集落を静かに見守る玉姫さん

男木島には、島の人たちから親しみを込めて「玉姫さん」と呼ばれている神社があります。島一番の眺めが楽しめる高台にある、豊玉姫神社です。昔から安産の神様として祀られ、かつては島外からも多くの人が参拝に訪れていました。「海サチヒコと山サチヒコ」の話が収められた古事記では、山サチヒコと結ばれる海の国の姫として描かれている豊玉姫。後の初代天皇・神武天皇は、この豊玉姫の孫であるとされています。

川島猛とドリームフレンズ「カレードスコープ ブラック&ホワイト」Photo:Yasushi Ichikawa

1·2.オンバとは乳母車のこと。オンバ・ファクトリー内には、彫刻家の大島よしふみさんが作った多種多様なオンバが展示されている。カフェのベランダからの眺めも格別。
3·4.海征食堂のサザエ飯(600円)は、炊き込まれたサザエの歯応えとご飯に染み出た旨味がたまらない逸品。熱々のたこの天ぷらやサザエのつぼ焼きもぜひ食べてみたい

オンバ・ファクトリー＆カフェ《おんば・ふぁくとりーあんどかふぇ》

香川県高松市男木町216　カフェ営業10:00～16:00　瀬戸内国際芸術祭期間中：水、木曜、期間外：月～金曜　男木港から徒歩3分　M P.79 B-3

漁師の店 海征食堂《りょうしのみせ かいせいしょくどう》

香川県高松市男木町134　090-7785-7636　10:00～15:00頃　月曜、不定休　男木港から徒歩すぐ　M P.79 B-3

豊玉姫神社《とよたまひめじんじゃ》

香川県高松市男木町1903　男木港から徒歩15分　M P.79 B-3

川島猛とドリームフレンズ《かわしまたけしとどりーむふれんず》

香川県高松市男木町1934　087-813-2244（瀬戸内国際芸術祭実行委員会事務局）　開催日時は未定　男木港から徒歩3分　M P.79 B-3

るので、比較的迷わずにたどり着ける。石段途中の鳥居から眺める景色は島一番の絶景。歩き疲れたら、集落のほぼ中央にある「オンバ・ファクトリー」へ。島の人が運搬に利用しているオンバをカスタムメイドしている工房で、併設されたカフェでは手作りドリンクやスイーツが楽しめる。近くにある「川島猛とドリームフレンズ」で芸術祭の作品を鑑賞するのもおすすめ。お腹が空いたら、漁師の店主が自ら獲ってきた新鮮魚介が楽しめる、港前の「海征食堂」へ。名物のサザエ飯は絶品。

旅の手帖

見どころ案内

好きな本と一緒に過ごせる幸せ

男木の移住者が中心に立ち上げたNPOが、仲間と共に築100年の古民家を再生して作り上げた図書館。読書はもちろん、ドリンクやランチも提供してくれる。古材とずらりと並ぶ本棚に囲まれた空間は、なんとも居心地良い。

本は1階だけでなく2階にも。建物もさらに拡張予定

男木島図書館《おぎじまとしょかん》

香川県高松市男木町148-1 080-3860-8401 11:00～17:00 火～木曜 男木港から徒歩3分 M P.79 B-4

取材メモ

急な階段を上った先の2階の部屋は、ちょっとした秘密基地感覚。

瀬戸内国際芸術祭期間中は、3種の限定定食が登場。写真はその1つ、まりも御膳（1,600円）

太陽のように明るい女将が名物

明るくパワフルな女将さんが迎えてくれる、フェリー乗り場すぐの場所にある民宿。1階はお食事処で、宿泊しなくても食事やドリンクをいただける。定食は定番洋食系の他、予約すれば作ってもらえる地元の魚を使ったメニューもおすすめ。また、うどんも秘かな人気だそう。

民宿《みんしゅく》 まりも荘《まりもそう》

香川県高松市男木町126 090-8283-9706 食堂は11:00～15:00 民宿は火～木曜、食堂は水、木曜 ¥ 素泊まり1泊3,000円 男木港から徒歩すぐ M P.79 B-4

親戚の家のような宿の母屋。近くにはゲストハウスもあり

家庭的雰囲気と旨い魚が人気の宿

親戚の家に泊まりに来たようにあたたかくもてなしてくれる、タコ壺漁師の大江さんご夫婦が営む民宿。獲れたての旬の魚を使った料理が人気で、中でも名物のタコ飯は、これを食べるために来るリピーターもいるほど。予約すれば食事だけの利用もできる。

取材メモ

優しく宿泊客をもてなしてくれる漁師のご夫婦。その親しみやすさは、宿泊客から「お父さん、お母さん」と呼ばれるほど。

漁師 yado《りょうしやど》 民宿さくら《みんしゅくさくら》

香川県高松市男木町1 090-7625-3159 ¥ 宿泊 1泊2食付7,000円～（税抜・瀬戸内国際芸術祭期間中は7,500円） ※食事のみの利用可（要予約）
男木港から徒歩5分 M P.79 B-4

見た目も美しいランチプレート(1,500円)

お昼はちょっと
贅沢してみませんか

小路の先で隠れ家のように営業しているお店。ここで食べられるのはフランス料理。地魚の素材の良さを活かすため、味付けを控え目にしながら、フレンチならではの手の込んだ仕事に魅了される。ランチプレートはスイーツ付きでボリュームたっぷりなのも◎。

取材メモ

品揃え豊富なワインもおすすめ。グラス350円、ボトル2,500円と、リーズナブルな価格で楽しめるのがうれしい。

ビストロ伊織《びすとろいおり》

香川県高松市男木町2-4 080-9832-2931 11:00～売り切れまで 不定休 男木港から徒歩5分 M P.79 B-4

失われゆくさまざまな生活文化を継承する運動をしている主人が、その一環として再生した古民家で営む宿。宿泊だけでなく、飲食もできるが、それらは全て、無農薬・無肥料で自家栽培した野菜や果物を使った身体に優しいもの。体験ツアーなども行っている。

男木島

ドリマの上《どりまのうえ》

香川県高松市男木町1894 090-7146-2268 瀬戸内国際芸術祭期間中は9:00～17:00(ランチは11:30～14:00、20食限定・要予約) 不定休 男木港から徒歩4分 M P.79 B-3

取材メモ

おすすめは、自家栽培の果物を使ったジュースやフルーツプレート。市場には出回らない、完熟したすももものジュースは必飲。

黒ずんだ梁が歴史を感じさせる居間。2階は宿泊スペース

築100年の古民家で
ほっと一息

島の小路全体が
アート空間に

眞壁陸二「男木島 路地壁画プロジェクト wallalley」
Photo:Osamu Nakamura

島の各所に点在するカラフルに彩られた民家の壁。これはアーティストの眞壁陸二さんが手がけた壁画アート。古い建物とポップな色彩が嫌みなく融合して、目にする人の心を和ませてくれる。モチーフはそれぞれ違うのでよく見てみよう。

男木島路地壁画《おぎじまろじへきが》プロジェクト《ぷろじぇくと》 wallalley《うぉーるあれい》

香川県高松市男木町 男木港から徒歩5分～10分 M P.79 B-4

映画のロケ地にも
なった美しい灯台

昭和32年の映画「喜びも悲しみも幾年月」をはじめ、TVドラマやCMのロケ地にもなった灯台。併設する資料館は元灯台職員の住宅だった建物で、灯台に関するさまざまな資料はもちろん、島の歴史や暮らしについての展示もあり、男木島について詳しく学べる。

男木島灯台《おぎじまとうだい》 &《あんど》 男木島灯台資料館《おぎじまとうだいしりょうかん》

香川県高松市男木町1064-2 灯台087-821-7012(高松海上保安部交通課)、資料館087-873-0001(男木出張所)
9:00～16:30[資料館の開館日]7・8月の毎日、9～6月の日曜、祝日(その他の日予約可) 男木港から徒歩30分
M P.79 C-1

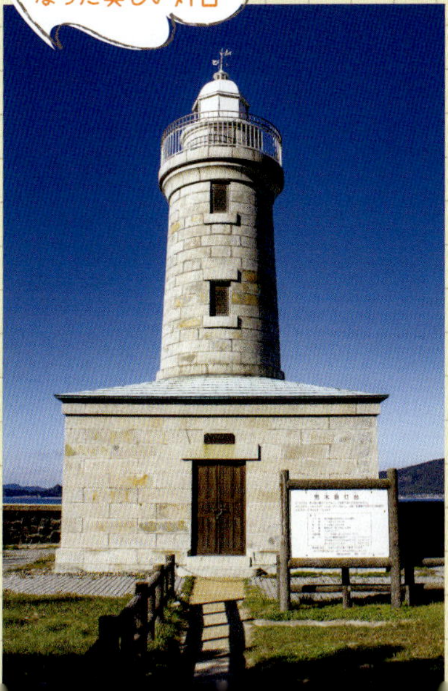

木造の資料館は、レトロな外観が郷愁を感じさせる

犬島

Inujima

島のあちこちで芽吹くアートを、
遺構が静かに見守る

犬島港のすぐ横にある犬島チケットセンターから「犬島精錬所美術館」の方向を眺める。一面の芝生と広がる空。揺れる木々の影や通り抜ける風にいたるまで、穏やかで静かな瀬戸内の島らしさを感じられる島。

犬島 ひとこと ガイド

- 島内は徒歩のみ。歩きやすい靴で
- 島内&宝伝港近くにコンビニなし
- 3時間あれば満喫できます

島あるき裏話

島は1時間ほどでぐるりと一周できます。が、あまりにも穏やかな時間が流れていて時間感覚がなくなり、うっかり帰りの船に乗り遅れそうに！　ライター／ FusionFactory三原・山田

日常とアートが融合する

かつての銅製錬所の遺構を保存・再生した美術館と集落の中に溶け込む、犬島「家プロジェクト」のある犬島。良質の花崗岩が産出される島としても知られている。

0　100m　200m

●食事　●アート作品　●見どころ　●宿泊　●その他

学校　神社　寺院　警察署　郵便局　バス停

訪れる人たちの感性を呼び覚ます植物園

犬島 くらしの植物園　Photo:Yoshikazu Inoue

これからのくらし方をみんなで考えるために。

その昔、対岸の犬ノ島にある香料会社で働く人々が暮らす島だった犬島。その後、香料研究に使用する植物を栽培するために建てられたガラスハウスは、長い間使われていなかったそう。

長年、犬島「家プロジェクト」に携わってきた建築家・妹島和世が2016年から取り組み始めた「犬島ランドスケーププロジェクト」では、このガラスハウスを再生し、その周辺を犬島の風土や文化に根差した庭園・植物園として展開。犬島全体をひとつのランドスケープ建築として考え、島民と訪れた人がともにひとつの環境をつくり、自然と社会の関係性を考えながらゆっくり滞在できる時間と空間を創出するプロジェクトのひとつの恒久施設として、犬島の自然の中で自給自足的な営みを行うことで「新しいくらし方」をデザインできるような場になるようにと設えられた。

植物園を手がけるのは「植物とともに暮らす歓び」をテーマに、

園内には畑があり鶏が放されているほか、浄化した水を使ったビオトープなどがある。またテイクアウトのドリンクを販売するカフェも(不定休)

あらゆるシーンにおける植物の楽しみ方を提案する「明るい部屋」。2016年から犬島に拠点を移し、プロジェクトに関わっている。約4,500㎡の土地を少しずつ開墾しつつ、排水浄化したり生ごみ堆肥で栄養を循環させたりというエコシステムを数年間にわたって一つひとつ手づくりするこのプロジェクト。人間本来の感性を解き放つようなワークショップやイベントなどに参加することで、訪れる人全員が、単なる見学者ではなくこの島の光景を変えていく〝主体者〟になる。そんな「食」や「香り」「学び」「遊び」など、植物にできることのすべてが体感できる空間を提供している。

自給自足しながら自然とともにくらす歓びを体験できる場

犬島《いぬじま》 くらしの植物園《しょくぶつえん》

岡山県岡山市東区犬島50 086-947-1112（犬島精錬所美術館） 10:00～16:30 火曜（3月1日～11月30日）、火～木曜（12月1日～2月末日）※ただし祝日の場合は開館、翌日休館 ※ただし月曜が祝日の場合は、火曜開館、翌水曜休館 ￥2,060円（15歳以下無料）※犬島精錬所美術館・犬島「家プロジェクト」共通チケット 犬島港から徒歩12分
M P.85 B-2

アートと自然エネルギーで蘇る遺構

「在るものを活かし、無いものを創る」をコンセプトに、犬島に残る銅製錬所の遺構を保存・再生した美術館。既存の煙突やカラミ煉瓦、自然エネルギーを利用した三分一博志の建築と、日本の近代に警鐘をならした三島由紀夫をモチーフにした柳幸典の作品を体感できる。

犬島精錬所美術館《いぬじませいれんしょびじゅつかん》

岡山県岡山市東区犬島327-4　086-947-1112　10:00～16:30（最終開館16:00）　火曜（3月1日～11月30日）、火～木曜（12月1日～2月末日）※ただし祝日の場合は開館、翌日休館 ※ただし月曜が祝日の場合は、火曜開館、翌水曜休館　￥2,060円（犬島精錬所美術館・犬島「家プロジェクト」・犬島 くらしの植物園 共通チケット）　犬島港から徒歩1分　M P.85 D-2
http://benesse-artsite.jp/art/seirensho.html

犬島精錬所美術館 柳幸典「ヒーロー乾電池／イカロス・セル」（2008） 写真:阿野太一

犬島精錬所美術館
写真:阿野太一

犬島精錬所美術館 柳幸典「ヒーロー乾電池／イカロス・タワー」（2008）写真:阿野太一

犬島「家プロジェクト」S邸 荒神明香「コンタクトレンズ」2013

犬島の集落に溶け込むギャラリー

アーティストディレクター・長谷川祐子、建築家・妹島和世によるアートプロジェクト。島内に点在する5つのギャラリーに「日常の中に美しい風景や作品の向こうに広がる身近な自然を感じられるように」との願いを込め、作品を展示。島の人とのふれあいも楽しんで。

犬島「家プロジェクト」《いぬじまいえぷろじぇくと》

岡山県岡山市東区犬島327-4　086-947-1112　10:00～16:30（最終入館16:00）　火曜（3月1日～11月30日）、火～木曜（12月1日～2月末日）いずれも祝日の場合は開館、翌日休館。要WEB確認　￥2,060円（犬島精錬所美術館・犬島「家プロジェクト」・犬島 くらしの植物園 共通チケット）　M P.85　http://benesse-artsite.jp/art/inujima-arthouse.html

港のすぐそばにある「在本商店」の名物は、島の周辺でとれるゲタ（舌平目）のミンチをゴボウやニンジンと一緒に甘く炊いて汁ごとご飯にかける「犬島丼」。島で昔から食べられていた素朴な味をぶっかけ丼にアレンジしたもの。地魚などのから揚げとセットで味わおう。

島のお母さん
手づくりの"島の味"

在本商店《ありもとしょうてん》

岡山県岡山市東区犬島326　080-1905-2433　10:00～15:30　不定休　犬島港から徒歩1分　M P.85 D-1

から揚げと寒天ゼリーの付いた犬島丼セット（1,000円）

取材メモ

店主の在本桂子さんは犬島生まれ犬島育ち。2018年には犬島の軌跡をつづった「アートの島 犬島へ」を出版！地元への愛にあふれた一冊です。

心地よい空間で、
島時間を堪能

港からすぐの場所にあるtrees犬島店の看板メニューは「犬島チキンカレーセット」。濃厚カレーに揚げたての野菜がたっぷり乗っている。古民家を改装した店内には、ちゃぶ台やソファーが並ぶ。特等席は、海が眺められる窓際の席。ゆったりと流れる島時間を満喫できる。

trees《つりーず》 犬島店《いぬじまてん》

岡山県岡山市東区犬島324
086-947-1988 11:30～15:00 不定休 犬島港から徒歩3分 M P.85 D-1 http://www.trees-rest.com/shop/inujima

サラダとドリンクが付いた犬島チキンカレー（1,000円）

完全予約制で
味わえる島の食堂

事前の予約制で朝食と夕食を食べられる「島の食堂」。犬島くらしの植物園や犬島自然の家のすぐそばにあり、朝食（500円～）は和食か洋食を選べ、夕食は定食スタイル（750円～）で用意してくれる。予約時に好みと予算などを伝えておこう。

犬島自然の家方面から細い路地を見上げると看板が見える

島食堂《しましょくどう》

岡山県岡山市東区犬島61
090-4890-5133
6:00～8:00、18:00～21:00 不定休 犬島港から徒歩11分 M P.85 B-2

取材メモ

港からの道はまるで探検しているようで、好奇心をかきたてます。リクエストに合わせてつくってくれる料理はどこか懐かしくてあったかい！

島の学校に宿泊して
自然体験を満喫

旧犬島小・中学校の跡地を利用した岡山市運営の自然体験施設。食事は、食材持ち込みで自炊を楽しむスタイル。宿泊は、和室・洋室があり、敷地内には設備が整った天体観測室も。事前申し込みで天体観測のほか、シーカヤックなどの体験もできる。

レトロな木造校舎や教室が一部に残された趣のある宿舎

犬島自然の家《いぬじましぜんのいえ》

岡山県岡山市東区犬島119-1 086-947-9001 IN16:00～、OUT10:00 火曜（祝日の場合は営業、翌日休み）※7/15～8/31無休 犬島港から徒歩12分 M P.85 B-2 http://www.city.okayama.jp/kyouiku/shougaigakushuu/shougaigakushuu_00026.html

地元の食材をふんだんにとりいれた、本日のパスタ（900円）

のんびりできる
島の古民家カフェ

縁側のある古民家そのままの空間はどこか懐かしい印象。2種類から選べるパスタは、季節ごとの食材を活かしたもの。犬島のミカンを使ったベイクドチーズケーキなどのスイーツや自家製ミントのモヒートなどアルコール類を楽しみながら思い思いに時間を過ごしたい。

Ukicafe《うきかふぇ》

岡山県岡山市東区犬島293-2
086-947-0877 10:00～17:00頃 火曜、冬季は犬島精錬所に準ずる 犬島港から徒歩7分 M P.85 C-2

取材メモ

ベンチの置かれた広い庭やブランコのある木陰、やわらかな日差しが差し込む縁側…。思い思いの場所で、ゆったりまったり過ごしたくなります。

大島

Oshima

芸術祭をきっかけに開かれた島
優しく穏やかな希望をのせて

Photo:Osamu Nakamura

2010年から始まった「瀬戸内国際芸術祭」は、島に変化をもたらした。美しい島には多くの人が訪れるようになり、穏やかな波音と共に、時折子どもたちの明るい声が響いている。2019年春からは高松港から定期船も就航開始。島をもっと身近に感じられそうだ。

大島 ひとこと ガイド

- 売店は1軒。事前準備が必須
- 島内はこえび隊の大島案内で巡ろう
- 島の人の生活に配慮して撮影を

島あるき裏話

島内には至る所にスピーカーが設置され、音楽が流れています。これは目の不自由な人たちに建物の位置を知らせるための盲導鈴なのです。　ライター／宮本奈穂子

昔ながらの島風景が広がる大島港

国の運営する官用船「まつかぜ」が発着する港。周囲には白砂青松の美しい海岸が広がり、女木島、男木島を望む。

交流の場として活躍する大島会館

島外からの見学者や訪問者との交流を深めるとともに、入所者の福利厚生施設として利用されている。

0　125m　250m

●食事　●アート作品　●見どころ　●宿泊　●その他

学校　神社　寺院　警察署　郵便局　バス停

大島の見学希望者は高松港の大島青松園高松事務所にて案内を受けたあと、島内の大島青松園福祉室で見学申し込みを。瀬戸内国際芸術祭の作品鑑賞やこえび隊の大島案内に参加希望する場合は、それぞれのHPで確認してください。

島の入り口で
青松が迎えてくれる

屋島の合戦で源氏と戦った平氏が長門に落ちのびる際、ここに武将の亡骸を愛用の刀や弓矢などとともに埋葬した。このとき、墓標として植樹した松が現在の大島青松園の玄関口にある松といわれている。源平の昔をしのばせる静かな佇まいを見せている。

墓標の松《ぼひょうのまつ》

大島港から徒歩すぐ　M P.91 C-2

取材メモ

島のあちこちに点在する松原は、防風林として、風による家屋の損傷や作物被害などから島を守る役目を果たしています。

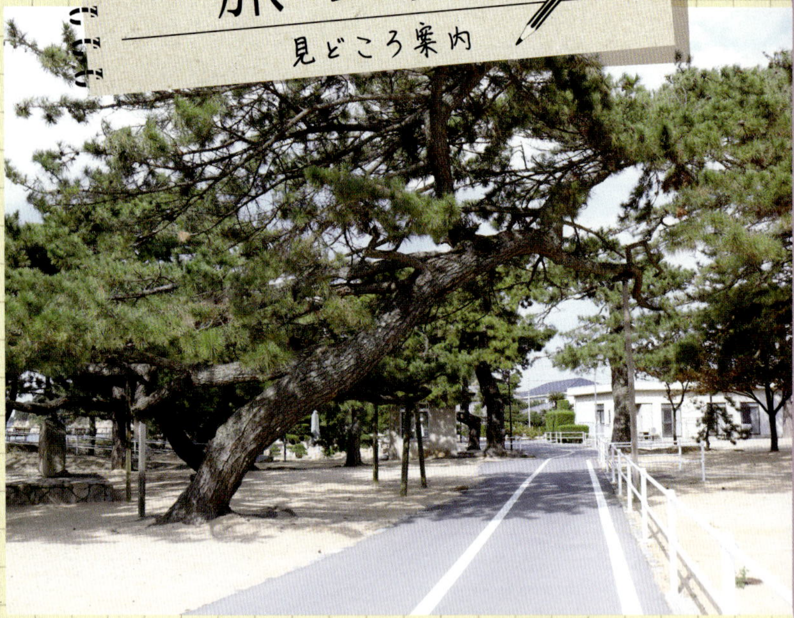

かつて、島の東西の海岸に松原があったとか

田島征三「青空水族館」Photo:Kimito Takahashi

陸上に繰り広げられる
海底世界

かつて入所者が暮らしていた寮に作品を展示。建物全体が、海賊と人魚の恋物語をテーマにした空間絵本となっていて、悲しげな表情で大粒の涙を流し続ける人魚や、難破船と水中の多様な生き物がいる空間など、回遊型のインスタレーションが楽しめる。

田島征三「青空水族館」Photo:Kimito Takahashi

青空水族館《あおぞらすいぞくかん》

087-813-2244（瀬戸内国際芸術祭実行委員会事務局）　10:00～16:00、毎月第2土、日曜のみ開館　大島港から徒歩5分　M P.91 C-2

ハンセン病と大島の歴史

高松港から官用船に乗って約20分。大島は、島のほぼ全域が国立ハンセン病療養所「大島青松園」で、ハンセン病の治療を終えた入所者が今も暮らしている。入所者の人々は、1996年に「らい予防法」が廃止されるまで国の誤った施策により故郷や家族から強制的に引き離され、病気が治ったあとも隔離され続けてきた。瀬戸内国際芸術祭の開催地の一つとして選ばれたことをきっかけに、アート作品、ギャラリーやカフェが誕生。さまざまな交流が生まれている。

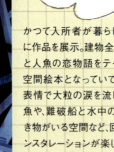

瀬戸内国際芸術祭ボランティアサポーターこえび隊が運営するカフェ。島で採れた野菜、柑橘類、梅、よもぎなどをふんだんに使った季節のパウンドケーキやドリンクが、大島の土で作った器で楽しめる。入所者の皆さんとの交流の場となっている。

やさしい時間が
流れるカフェ

入所者の思い出のお菓子
ろっぽう焼(120円)

{つながりの家}《つながりのいえ》
カフェ・ショル《かふぇ・しよる》

香川県高松市庵治町6034-1 大島青松園内社会交流会館内 087-813-1741（こえび隊） 毎月第2土、日曜のみ営業 大島港から徒歩5分
M P.91 C-2

やさしい美術プロジェクト「{つながりの家}カフェ・ショル」Photo:Shintaro Miyawaki

1992年に約1,000人のボランティアの協力で作られたモニュメント。亡くなられた入所者を火葬し納骨した残りの骨を納めている。大島で生涯を終えざるをえなかった人々の魂が、死後には風に乗って島を離れ、自由に解き放たれるようにとの願いが込められている。

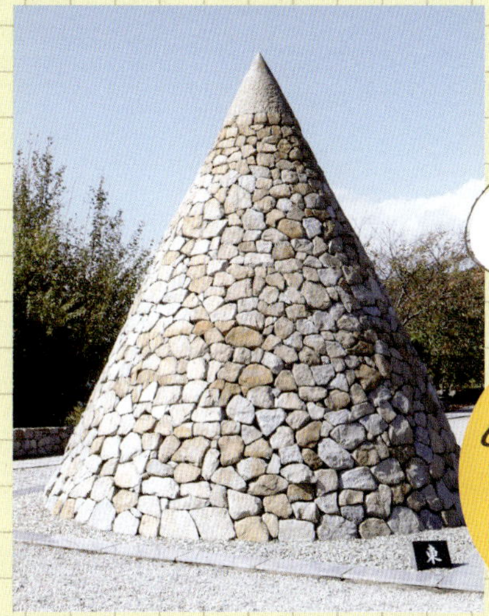

天上をイメージし、天に近い場所を意味する

風の舞《かぜのまい》

大島港から徒歩10分
M P.91 B-1

多くの人々の手で
石が積まれた

取材メモ

海からの風が吹き抜ける開放的な場所。モニュメントを眺めていると、不思議と穏やかな気持ちになれます。

瀬戸内海を一望する
祈りの場所

納骨堂から対岸の高松港を眺めることができる

全国のハンセン病療養所には必ずある納骨堂。ここ大島青松園では明治42年の開園以来この場所にあり、現在までに2,140名を超える入所者が亡くなられ、その多くがこの場所に葬られている。ハンセン病政策の問題や、長く続いた偏見・差別の時代を物語っている。

納骨堂《のうこつどう》

大島港から徒歩5分 M P.91 C-2

島内の見どころや作品をめぐる

島内を散策し、
カフェ・ショルで
島の恵みを味わって

こえび隊の笹川さん

こえび隊の大島案内で島をめぐろう

瀬戸内国際芸術祭の作品、風の舞、ミニ八十八ヵ所など、大島の見どころと芸術祭の作品をこえび隊の案内でめぐる。所要時間は約1時間。自由時間でカフェ・ショルに立ち寄って、お茶を楽しむこともできる。毎月第2土、日曜のみ開催している。

<問い合わせ> 087-813-1741（NPO法人 瀬戸内こえびネットワーク） ※詳しくは、HPのトップページを参照してください http://www.koebi.jp/

沙弥島

Shamijima

かつては瀬戸内海に浮かぶ塩飽《しわく》諸島の一つだった沙弥島。柿本人麻呂の歌にも詠まれたこの島は、埋め立てにより陸続きとなった今も変わらず、美しい瀬戸内の風景を堪能することができる。島には縄文・弥生時代の遺跡や古墳、文学碑も数多く散在している。

沙弥島 ひとこと ガイド

- 磯遊びや釣りも楽しめる海岸
- 車で渡れる手軽さも魅力
- 道幅が狭い所があるので注意

島あるき裏話

夏は海水浴客で賑わう沙弥島。島内にはぐるりと一周できる遊歩道もあり、シーズンオフには散歩コースとして親しまれています。

島旅編集部

島への入り口、沙弥漁港

漁港がある入り江を越えると沙弥島。かつて沖合いに浮かぶ島だったころの面影を感じさせてくれる。小さい港ながら今も現役。

瀬戸大橋の完成を記念して造られた海浜公園

瀬戸大橋を間近に見上げる最高のロケーションに位置する瀬戸大橋記念公園。橋をかたどった噴水や芝生広場などがあり、多くの人で賑わう。

0　100m　200m

●食事　●アート作品　●見どころ　●宿泊　●その他

⊗学校　⛩神社　卍寺院　☒警察署　〒郵便局　バス停

旅の手帖
見どころ案内

日本画の巨匠・東山魁夷ゆかりの美術館

東山魁夷画伯の祖父が坂出市櫃石島の出身で、香川県と縁が深いことから、東山家より版画作品280点の寄贈を受け2005年に開館。国際的建築家・谷口吉生氏が設計した美術館では、自然をテーマに描いた画伯の作品とともに、多島美を誇る瀬戸内海やオリーブなど美しい風景も見どころ。

香川県立東山魁夷せとうち美術館《かがわけんりつひがしやまかいいせとうちびじゅつかん》

香川県坂出市沙弥島字南通224-13 ☎ 0877-44-1333 ⏰ 9:00～17:00（入館は16:30まで）カフェ9:30～16:30（LO16:00） 休 月曜（祝日の場合は営業、翌日休み）、臨時休あり 🚗 JR坂出駅から坂出市営バス「美術館前」下車、徒歩すぐ M P.95 C-3

ゆかりの地・櫃石島と瀬戸大橋が一望できる癒しのカフェもある

取材メモ

人気のビスコッティ（1,000円）は、所蔵作品「月光」の樹氷の森をイメージしています。

万葉の歌人の足跡をたどる

島をぐるりと周遊できる遊歩道脇に静かにたたずんでいる

すぐそこに瀬戸大橋を見渡すことができ、絶好の撮影ポイントとして有名なナカンダ浜。晴れた日にはシンボリックな榎（えのき）の大木と青い海、彼方に伸びる瀬戸大橋のコントラストが美しく、日が沈むとライトアップされた夜景も楽しめる。また、縄文土器が出土するなど、遺跡としても知られている。

取材メモ

個性的な名称は、「中田」や「中の浦」に由来するという説があります。

ナカンダ浜《なかんだはま》

🚗 JR坂出駅から坂出市営バス「東山魁夷せとうち美術館」下車、徒歩12分 M P.95 B-2

風光明媚な海浜。実は史跡の宝庫

弥生時代から古墳時代の製塩遺跡も確認されている

各地を旅して、多くの優れた和歌をのこした柿本人麻呂。万葉集を代表する歌人である人麻呂の心を伝えるために、1936年に坂出市出身の作家、中河与一氏により石碑が建立された。近くには長歌と反歌二首がかなまじり文で全文書かれた歌碑もある。美しい万葉の島を周遊できる遊歩道の傍らに静かにたたずんでいる。

柿本人麿碑《かきのもとひとまろひ》

🚗 JR坂出駅から坂出市営バス「東山魁夷せとうち美術館」下車、徒歩15分 M P.95 A-2

ターニャ・プレミンガー「階層・地層・層」Photo:Kimito Takahashi

いつもと違う新鮮な
風景に出会える

瀬戸大橋のたもとにある個性的な形の、高さ6.5mの小高い丘。香川県でよく採れる花崗土を盛り、全体が芝で覆われている。なだらかな斜面はぐるぐるとらせん状に登ることもでき、頂上は沙弥島の風景を見渡せる。展望スポットとしても人気。

階層《かいそう》・地層《ちそう》・層《そう》

🚗 JR坂出駅から坂出市営バス「東山魁夷せとうち美術館」下車、徒歩4分
M P.95 C-3

取材メモ

草抜きなどの定期的なメンテナンスには、多くのボランティアが協力。まさに地元になじんだ作品です。

地元のあたたかい
味を楽しめる

すぐ目の前に海が広がり、ゆったりとした開放的な雰囲気でおでんやうどんなど、香川ならではの味が楽しめる西ノ浜の家。営業は芸術祭の開催期間中と、夏の海水浴期間のみ。海の家として、シャワーやトイレなどを完備している。

藤山哲朗＋冨井一級建築設計事務所「沙弥島・西ノ浜の家」
Photo:Kimito Takahashi

西ノ浜の家《にしのはまのいえ》

🏠 香川県坂出市沙弥島111-1　🚗 JR坂出駅から坂出市営バス「東山魁夷せとうち美術館」下車、徒歩7分　M P.95 B-3

取材メモ

西ノ浜の家の前に広がる沙弥海水浴場は、環境省の「快水浴場百選」に選出されたこともある美しいビーチです。

地上108mを満喫
できる空中散歩

タワー最頂部は瀬戸中央自動車道の道路部より高い！

瀬戸大橋タワーは高さ108mあり、360度の景色を眺めることができる回転式展望塔。展望室部分が回転しながら昇降し、東には瀬戸大橋、西には瀬戸内海の島々、北には対岸の岡山県と、瀬戸内の風景を一望することができる。館内には土産売り場もある。

瀬戸大橋タワー《せとおおはしたわー》

🏠 香川県坂出市番の州緑町6-6　📞 0877-45-8791
🕘 9:00～17:00（入場は16:30まで）🚗 JR坂出駅から坂出市営バス「瀬戸大橋記念公園（下り）」下車、徒歩7分
M P.95 C-2

藤本修三「八人九脚」Photo:Kimito Takahashi

島めぐりの途中で
ホッとひと息

2013年の瀬戸内国際芸術祭で、ナカンダ浜に設置された「八人九脚」。前回の芸術祭で瀬戸大橋記念公園に移設された。8人がけで脚が9本あるユニークな作品のカラフルな色合いが、海や空の青、木々や芝生の緑に、アクセントを添える。歩き疲れたら腰をおろして、雄大な景色を眺めてみよう。

八人九脚《はちにんきゅうきゃく》

🚗 JR坂出駅から坂出市営バス「瀬戸大橋記念公園（下り）」下車、徒歩10分　M P.95 C-1

本島

Honjima

町並みを歩けば、威勢のいい
塩飽大工の声が聞こえてくるよう

かつて本島は瀬戸内の速い潮の流れが生んだ塩飽《しわく》の船形衆、塩飽水軍の拠点となっていた。当時、その巧みな操船・造船技術は日本トップクラスと言われており、塩飽諸島に財を与え独自の文化の発展に繋がった。

本島 ひとこと ガイド

- 島の南東部は坂道が厳しい
- 12月～3月は冬季休業のお店が多い
- 週末は多くの釣り客が訪れる

島あるき裏話

週末は山歩き、釣り、写生など島時間を楽しみに多くの人がやって来ます。フェリーからの瀬戸大橋の眺めも美しいので、ぜひデッキに出てみて下さい。 ライター／古川優希

塩飽水軍の本拠地

潮流が速い海域で培った操船・造船技術で名を馳せ、時の権力者に自治権を与えられた特別な集団、塩飽水軍。咸臨丸が太平洋を横断した際、水夫の7割が塩飽出身だった。

本島汽船待合所

島内をめぐるのに便利なレンタサイクルはこちらで借りる事ができる。普通自転車1日500円、電動アシスト付き1日1,500円。

0 250m 500m

●食事 ●アート作品 ●見どころ ●宿泊 ●その他

学校 神社 寺院 警察署 郵便局 バス停

旅の手帖

見どころ案内

海沿いに香る
優しく芳ばしい香り

週末のみオープンの海沿いのパン屋さん。店内には自家製の果物や木の実のシロップ漬けやラム漬けが並ぶ。海洋酵母や果物から起こした酵母を使い分け、丁寧に作られたパンは、パンドミ(食パン)やベーグルを中心に季節に合わせたメニューが並ぶ。焼き菓子やドリンクも人気。

honjima bakery《ほんじまべーかりー》

香川県丸亀市本島町笠島229-12　11:00～15:00　月～金曜(12月～3月は冬季休業)　※詳細はFacebookにて　本島泊港から徒歩30分、レンタサイクル10分
M P.99 D-2
https://www.facebook.com/honjimabakery/

パンはお惣菜系からスイーツ系まで揃う

石井章「Vertrek『出航』」 Photo:Kimito Takahashi

抜けるような
晴れた空、瀬戸内の
夕焼けにも映える

取材メモ
日暮れ前は赤く染まる瀬戸内海を背景に絶好の写真スポット。

塩飽水軍の根拠地として優れた造船、操船技術を有していた本島。江戸幕府海軍が保有していた「咸臨丸」にも多くの塩飽の水夫が乗船しており、幕府の船としては初めて太平洋を往復した。その歴史を顕彰し作られたこの作品は、瀬戸内海を背景に雄大に佇んでいる。

Vertrek《ゔぁーとれっく》「出航《しゅっこう》」

香川県丸亀市本島町泊港　本島泊港から徒歩すぐ
M P.99 C-3

長屋門と入母屋造りの母屋。国の史跡にも指定されている

塩飽諸島、塩飽水軍の
歴史を伝える

江戸時代、塩飽の人名の代表者(年寄)が政務を執っていた政所跡。寛政10年に建築された建物は国の史跡にも指定されている。現在は、織田信長、豊臣秀吉、徳川家康の朱印状や咸臨丸の模型など資料を展示しており、塩飽水軍の歴史を伝える貴重な施設となっている。

塩飽勤番所《しわくきんばんしょ》

香川県丸亀市本島町泊81　0877-27-3540　9:00～16:00　月曜
¥ 大人200円、子ども100円　本島泊港から徒歩10分　M P.99 C-2

江戸時代後期に作られた商家の建物、真木邸の他、塩飽大工が建てた3つの民家を公開。漆喰塗りの白壁、なまこ壁など、美しい町並みの中に当時の大工の技術が見える。ガイドさんの観光案内を聞きながら巡ると、船大工ならではの工夫をより深く知る事ができる。

笠島まち並保存センター《かさしままちなみほぞんせんたー》

香川県丸亀市本島町笠島256　0877-27-3828　9:00～16:00　月曜(1月～2月は土、日、祝のみ開館)　¥ 大人200円、小学生以下100円(3館共通券)　本島泊港から徒歩30分、レンタサイクル10分　M P.99 D-2

歴史ある町並みを
後世に伝える

塩飽諸島を納める「年寄」であった真木家の邸宅を利用した資料館

本島に住む人、訪れる人の交流の拠点としての活動にも注目

泊港横の本島パークセンター敷地内に2018年11月にできたカフェ。丸亀市の家具店が営むこちらは北欧インテリアが並び洗練された空間で、コーヒーやクラフトビールが楽しめる。窓からは瀬戸大橋や港の景観を眺めることができ、船待ち時間の休憩にもぴったり。

Honjima Stand《ほんじますたんど》

香川県丸亀市本島町泊494-16 070-2301-5862、0877-86-1244（CONNECT） 11:30～16:30 水、木曜 本島泊港から徒歩3分 M P.99 C-3

港を眺めるカフェに
流れる島時間

カフェオレ・フライドポテト（各400円）

歴史的な建造物が並ぶ笠島集落側と、長徳寺側の2つの散策遊歩道があり、手軽なトレッキングのコースとしても人気の遠見山。山頂の展望からは瀬戸大橋が一望でき岡山の鷲羽山から、香川の坂出周辺の工業地帯まで、美しい大パノラマを眺望できる。

瀬戸大橋と多島美を
一望する絶景

遠見山展望台《とおみやまてんぼうだい》

本島泊港から徒歩30分
M P.99 C-2

取材メモ
長徳寺側遊歩道の中腹には「天狗の足跡」と言われる大岩も見られる。

笠島集落の先、尾神神社の境内から山道が続く

ギャラリーは瀬戸内海に関わる作品を展示。カフェのランチは定番の野菜カレーの他、瀬戸の鯛のアクアパッツァや舌平目のムニエル等、島の漁師が獲ってきた新鮮な魚料理がおすすめ。ティータイムのおいりトッピングのアイスクリームは子どもにも大人にも大人気！

gallery&cafe《ぎゃらりーあんどかふぇ》 吾亦紅《われもこう》

香川県丸亀市本島町笠島312 0877-27-3007 11:30～17:00 月～水曜（12月～2月は冬季休業） 本島泊港から徒歩30分、レンタサイクル10分 M P.99 D-2

笠島まち並保存地区内の
古民家カフェ

取材メモ
島歩きに疲れたら畳のお部屋でのんびり休憩。季節のスイーツなど手づくりの味が楽しめる。

鯛のうまみがしみ出した絶品アクアパッツァ（1,500円）

伊吹島

Ibukijima

讃岐うどんは
伊吹のいりこが
あってこそ！

日本有数のいりこの産地として知られる伊吹島。フェリーのつく真浦港横にはいりこ漁に使う漁船が並ぶ。
いりこの水揚げから加工までを行う「いりば」が島の周囲を囲み、漁の最盛期である夏には、うどんのダシを彷彿とさせるいりこの香りが島全体を包む。

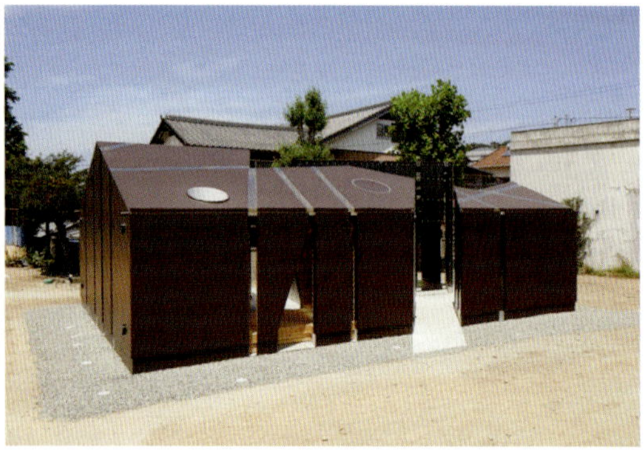

石井大五「トイレの家」Photo:Kimito Takahashi

伊吹島の中心で主役となったトイレ

2013年瀬戸内国際芸術祭の際に制作された、光や雨に反応する特殊なトイレ。作品でありながら実際に使用することができる。世界6都市の方向を指すスリットと、夏至や冬至、伊吹島の伝統行事の日の午前9時になると太陽の光が建物の中を通り抜けるように設計されている。

トイレの家《といれのいえ》

真浦港から徒歩10分
M P.103 C-3

讃岐の食文化を支える“いりこ”の拠点

讃岐うどんのダシとなるいりこ。その中でも良質ないりことして知られるブランド「伊吹いりこ」が獲れる、伊吹島の漁業を管轄する漁協。島の沿岸を囲む15軒の網元で加工された新鮮ないりこはもちろん、いりこ漁の副産物である、干イカやアジ子の煮干しなどが購入できる。

取材メモ
サイズの違ういりこや粉末などの加工品もあり、建物の中は良い香り。

伊吹漁業協同組合《いぶきぎょぎょうきょうどうくみあい》

香川県観音寺市伊吹町3番地1
0875-29-2011　8:30 ～ 17:00
日曜、祝日　真浦港から徒歩すぐ
M P.103 B-3
http://kaibuki.jf-net.ne.jp/

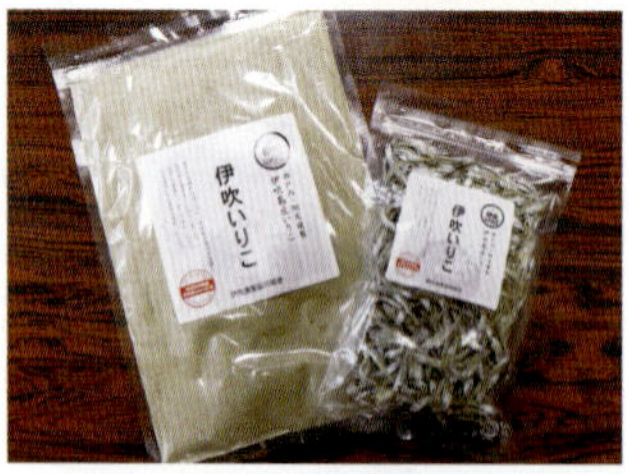

近年開発されたオリーブいりこなど新製品にも注目

伊吹島 ひとこと ガイド

- ■いりこの漁期は6月〜9月
- ■港からすぐ急な坂道が始まる
- ■迷路のような路地が続く

島あるき裏話

観音寺港と島を繋ぐ船は、切符売り場で切符を購入。そのまま乗船し、降りる際に乗務員に渡します。出航までの時間のんびり過ごしましょう。

ライター／古川優希

漁から加工、おいしいいりこを作る伊吹の秘訣

いりこ漁は網を引く本船2隻と運搬船、探知船の4隻で行われる。島の網元たちが連携して漁をし、獲れたてがそのまま加工場へ運ばれる。

島の子育ての歴史を残す

ここでは、かつて出産前後の母子が共同生活をしていた。出産を終えた産婦たちは自宅を離れ、1カ月ほどここで生活することで家事から解放され、ゆっくりと体を休ませることができた。

伊吹産院跡《いぶきさんいんあと》（出部屋《でべや》）

島と市街地を結ぶ生活航路

伊吹島へは、観音寺港から「ニューいぶき」に乗って25分。レトロな船内は和やかな雰囲気。普段から物や人を運ぶ市営の航路で、船内は地元の人の大切な交流の場にもなっている。

伊吹航路《いぶきこうろ》

📞 市営伊吹航路　観音寺伊吹丸事務所
（観音寺）0875-25-4558 （伊吹）0875-29-2113

取材メモ

本場のいりこといりこグッズは伊吹島のおみやげにぴったり。

いりこグッズ

色とりどりのTシャツやブルゾン、かわいいいりこのイラストが描かれたトートバッグ、オリジナルのタオルなど、さまざまないりこグッズにも注目。

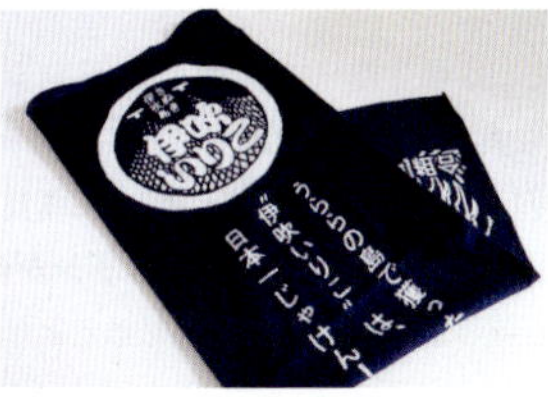

0　150m　300m

●食事　●アート作品　●見どころ　●宿泊　●その他

⊗学校　⛩神社　卍寺院　☒警察署　〒郵便局　バス停

高見島

Takamijima

傾斜地に広がる石垣と石段の美しい風景

自然石を積み重ねた石垣が美しい景観をつくり出す高見島。伝統的な様式の家屋と趣のある漁村の様子は、日本の原風景を見ているよう。これまで「男はつらいよ」「機関車先生」など数々の映画のロケ地としても使用され、多くの人を瀬戸内の風景で魅了してきた。

予約をすると塩飽諸島の伝統食である茶粥を食べられる

島を訪れる人を海の幸でおもてなし

こちらは島で唯一の民宿で、2日前までに予約をすれば、宿泊や食事を楽しめる。オーナーが漁師さんという事もあり、旬の瀬戸内の魚介が楽しめる。高見島が以前に映画のロケ地になった際のスターのサインが部屋に並び、島の宿として親しまれた歴史ごと感じることができる。

民宿森田《みんしゅくもりた》

香川県仲多度郡多度津町高見1698　0877-34-3236
浜港から徒歩4分　M P.105 C-3

古くから島民に愛されてきたお寺

坂道を抜けた先にある、現在は集落の方々によって管理されているお寺。石段や境内からは美しい瀬戸内海の景観がひろがる。鐘楼門の上には、一人で一生懸命屋根を支える力士の像を見ることができ、力強くも愛らしい造形は見る人の心を和ませる。石垣の一部に崩落箇所があり注意が必要。

取材メモ

大聖寺の鐘楼門の上で発見！一人で屋根を支える力士像。

大聖寺《だいしょうじ》

浜港から徒歩10分
M P.105 C-3

急な石段の先に静かにたたずむ鐘楼門と本堂

高見島 ひとこと ガイド

- ■島にお店などは無く準備が必要
- ■島内の案内板が便利
- ■映画のロケ地にも選ばれた島

島あるき裏話

石垣や坂道、家と家の間を抜ける路地など瀬戸内の島らしい穏やかな風景が広がります。お店がないので食べ物や飲み物は準備していきましょう。

島旅編集部

石垣と路地がつくり出すノスタルジックな風景

自然石を積んだ石垣と路地に、多くの植物が根を伸ばしている浦集落。島内散策の際は手づくりの案内板があるので安心。

石の鳥居と共に静かに佇むお社

島の北西部にある神社。明治時代に島民を困らせた流行り病を防ぐために建立されたという。小さなお社だが、鳥居や狛犬もしっかりと残っていて、昔から島民の人たちに愛されてきたことが分かる歴史的な建物。

祇園社《ぎおんしゃ》

A
B
C
D
1
2
3
4
浦の両墓制
祇園社
大聖寺 P.104
浦港
高見島竜王宮
中塚邸
商店のケーブル跡
民宿森田 P.104
元高見小学校
西浦大師堂
浜港
高見八幡宮
室町時代の五輪塔
浜の両墓制
佐柳島 ←→ 高見島
高見島 ←→ 多度津

島に伝わるありがたく不思議な岩

港から海岸線を東に向かって20分ほど歩いた先にある、「西浦大師堂」。岩に弘法大師のお姿が映ると言われ、島で大切に守られてきた。

西浦大師堂《にしうらだいしどう》

取材メモ

塩飽諸島の文化を伝える2つのお墓。それぞれの島によって作られ方が微妙に違う。

塩飽諸島独特の両墓制 2つの墓で先祖を供養

塩飽の島に時々見られる両墓制。手前には、自然石を置き遺体を埋葬する「埋め墓」、奥には霊魂を祭る「参り墓」が見られる。

0 250m 500m

●食事 ●アート作品 ●見どころ ●宿泊 ●その他

⊗学校 ⛩神社 卍寺院 ☒警察署 〒郵便局 バス停

粟島

Awashima

ノスタルジックな佇まいでお出迎え

三豊市須田港から約15分、周囲16kmの塩飽《しわく》諸島に属する島。船のスクリューを思わせる特徴的な島の形をしている。かつて、日本で最初に設立された海員養成学校「国立粟島海員学校」は、現在「粟島海洋記念館」となり、趣のある風情を残している。

日比野克彦「瀬戸内海底探査船美術館プロジェクト『ソコソコ想像所』」
Photo:Kimito Takahashi

想像をかきたてる海の底の宝物

瀬戸内海の海底から引き上げた遺物を展示するプロジェクト。色形、大きさや重さもさまざまな遺物を「きっと○○だろう」「まるで○○みたい」「でも○○かもしれない」と頭をやわらかくして観賞することで、観賞者は海を通して、深く生命の歴史と営みに思いを馳せることができる。

瀬戸内海底探査船美術館プロジェクト《せとうちかいていたんさせんびじゅつかんぷろじぇくと》 ソコソコ想像所《そこそこそうぞうしょ》

香川県三豊市詫間町粟島1541 粟島海洋記念館内
9:00 ～ 16:00　月曜、年末年始　粟島港から徒歩5分
M P.107 B-3

日替わりランチが人気の憩いの場

旅行はもちろん、学校や企業の研修施設としても利用可能な、レストランを併設した宿泊施設。ランチタイムは、日替わり定食の他、うどんや丼、カレーなどもあり、地元の人たちで賑わう。洋室とペット宿泊OKなキャビンも完備。夏は海辺で海ほたるの幻想的な輝きを見ることができる。

取材メモ

旧海員学校の施設をそのまま残した、多目的広場や研修室はタイムスリップしたような感覚を味わえる。

ル・ポール粟島《る・ぽーるあわしま》

香川県三豊市詫間町粟島1418-2
0875-84-7878　11:30 ～ 14:00（ランチ）、IN16:00 ～ OUT10:00　なし
粟島港から徒歩5分 M P.107 B-3

グランドテニスやバーベキューなどレジャーも充実

粟島 ひとこと ガイド

- 島民手づくりのアート作品が多数
- 商店や飲食店もあり便利
- 粟島沖ではスナメリが見られるかも

島あるき裏話

島を歩いていると、路地や畑などで漁で使わなくなったブイ（浮き）を使用した作品たちに遭遇。見つけるとつい写真を撮りたくなります。

島旅編集部

インパクト大の レンタサイクル料金所

看板娘の「大口しま子」さんの口（壁面の穴）に一日500円の料金を入れて借りるシステム。楽しい表情の看板からも島の人の温かさを感じる。

取材メモ

島を広くをまわりたい時はレンタサイクルでサイクリング。島の北東部は坂道が続くので注意。

島に佇むユーモアたっぷり ブラジャー観音

島に住むお父さんが、奥さんをモデルに作った観音様。当初、裸の状態で作られていたが、恥ずかしくないようにと後からブラジャーが描かれた。

島のお父さんの凛々しい練習風景

粟島にある粟島神社で、毎年3月第一日曜日に厄払いや大漁など祈願して行うのが「ももて祭り」。島の男性が昔から代々伝わる所作で弓射儀式を行う。年に1度のその日に向けて、島の男性は毎日のように神社で練習を行っており、運が良ければその練習風景を見ることができる。

粟島神社《あわしまじんじゃ》

●食事　●アート作品　●見どころ　●宿泊　●その他

⊗学校　⛩神社　卍寺院　☒警察署　〒郵便局　バス停

0　250m　500m

瀬戸内を愉しむ個性豊かな宿

アート作品や観光地をめぐるなら、
自分にぴったりの宿を選びましょう。
宿で過ごす時間も
楽しい旅のひとときになるはず。

掲載料金は税・サ込みの宿泊料金の目安です。
※ 2019年3月1日現在の情報です。出発前に必ず最新情報をご確認ください。

小豆島　チェレステ小豆島

絶景を眺めながらゆったりと食事を楽しむ、おもてなしの宿

イタリア語で「青い空」を意味するチェレステ。6部屋の小さな宿は、「癒し」と「くつろぎ」を最大限に感じてもらうことをコンセプトに「気配り」や「思いやり」を徹底している。季節に応じた地産地消の食材にこだわり、和洋折衷の料理を提供する。

香川県小豆郡土庄町鹿島甲1462　0879-62-5015
P あり（無料）　¥ 1泊2食、2名1室1名あたり14,040円～
土庄港より、車で5分
http://kashimaso.com/publics/index/20/

小豆島　ビーチサイドホテル 鹿島荘

純和風ならではの落ち着いたお部屋でおもてなし

「いらっしゃいませ」より「お帰りなさい」が似合う、心もからだも温まる温泉宿。瀬戸内ならではの新鮮な海鮮や肉料理のプランが充実していて、美肌の湯と評判の天然温泉もある。徒歩2分で広がる鹿島ビーチは、ファミリーで楽しめる海水浴場。

香川県小豆郡土庄町1656-1　0879-62-0492　P あり（無料）
¥ 1泊2食、2名1室1名あたり8,640円～
土庄港より、車で5分　土庄港限定無料送迎致します。（当日予約）
http://www.kashimaso.com

小豆島　小豆島グランドホテル水明

瀬戸内の絶景を眺めながら、天然温泉の露天風呂に浸かるくつろぎの宿

部屋の窓からは、青い海と白い砂浜の道が現れるエンジェルロードが眺められ、遠くには四国の山並みと源平合戦を今に伝える屋島や高松エリア、五剣山を望む絶景が広がる。客室にはデザイナーズルームや露天風呂付客室があり、シーサイドプールやアルカリ性単純温泉の良質な天然温泉も自慢の一つ。オーシャンビューの露天風呂からもエンジェルロードが眺められ、ボートやヨットを使ったユニークな露天風呂もおすすめ。

エンジェルロードを眺めてゆったり!　おすすめ! information

1泊2食付　10,800円〜

旬の食材を使ったボリューム満点の料理と瀬戸内を感じる露天風呂を満喫。

- 香川県小豆郡土庄町甲1171-6
- 0879-62-1177
- チェックイン・アウト／15:00・10:00
- P あり（無料）
- 土庄港より車で約5分、池田港より車で約15分、草壁港より車で約30分、坂手港より車で約40分、大部港より車で約20分、福田港より車で約40分

http://kashimaso.com/publics/index/18/

エンジェルロードを望む大浴場

恋人の聖地エンジェルロード

小豆島　ホテルグリーンプラザ小豆島

瀬戸内海を一望するオーシャンビューリゾート

時間とともに彩りを変える瀬戸内の情景を楽しめるリゾートホテル。落ち着いた雰囲気のレストランでは、獲れたての地魚と季節の山菜を使った小豆島の郷土料理を味わい、優しい瀬戸の風を感じる18ホールのパターゴルフ場やガーデンプール(夏期のみ)でリフレッシュ。大浴場にはジャグジーもあり、露天風呂からは、眼下に広がる瀬戸内海をオレンジ色に染める絶景の夕陽を眺めることができる。

新鮮で美味しい山海の幸がたっぷり!　おすすめ! information

1泊2食付　10,800円〜

客室は、和室・洋室・和洋室から選べて 旬の食材を使った小豆島の郷土料理を楽しめる。

- 香川県小豆郡土庄町伊喜末2464
- 0879-62-2201（受付／9:00〜19:00）
- チェックイン・アウト／15:00・10:00
- P あり（無料）
- 土庄港より車で約10分、池田港より車で約15分、草壁港より車で約30分、坂手港より車で約40分、大部港より車で約20分、福田港より車で約40分

http://hgp-shodoshima.com/

海風を感じるバルコニー席もあるレストラン

海を眺める絶景露天風呂

小豆島 ## ベイリゾートホテル小豆島

島の名産を使用した食事と天然温泉を心ゆくまで満喫！

客室の大きな窓から望む瀬戸内の穏やかな海が、素敵な時間を演出してくれる全室オーシャンビューのリゾートホテル。瀬戸内海に囲まれた小豆島は、海の幸の宝庫でもあり、毎日水揚げされる新鮮な魚介と島野菜を中心とした料理も楽しみのひとつ。夕食は讃岐牛やハマチを使った会席料理やバイキングから選ぶことができる。宿泊中は何度でも最上階にある展望風呂に入浴でき、露天風呂に入りながら眺める星空は、また格別の美しさ。こんこんと湧き出る温泉をひとりじめできる貸し切り個室露天風呂も人気。各港への無料送迎があるので、観光や瀬戸芸アート作品めぐりに最適の拠点だ。

モダンツインをはじめ用途に合わせた客室が豊富

自慢の天然温泉は高い保湿効果で女性にうれしい

- 香川県小豆郡小豆島町古江乙16-3
- 0879-82-5000
- チェックイン・アウト／15:00・10:00
- P あり（無料）
- 坂手港より車で約5分、草壁港より車で約10分、池田港より車で約20分、福田港より車で約25分、土庄港より車で約35分、大部港より車で約50分

オーシャンビューモダンツイン
1泊2食付き、2名1室1名あたり
11,880円～

おすすめ！ information

島の歴史を受け継いできた醤油やオリーブ。料理に欠かせない調味料をいかしたホテルオリジナル「オリーブオイルフォンデュ」など小豆島ならではの食事が楽しめる。

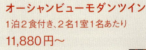

小豆島 **小豆島国際ホテル**

瀬戸内の自然に包まれて過ごす
日常から離れた贅沢時間

全客室で美しい瀬戸内海を望むオーシャンビューを実現している絶景の宿。ほぼすべての部屋から瀬戸内の多島美や四国屋島、恋人の聖地「エンジェルロード」を眺めることができる。エンジェルロードは、カップルで手をつないで渡ると幸せになるといわれる人気スポットで、1日2回の干潮時にのみ、島と島とを結ぶ白い砂浜の道が現れる光景はなんとも神秘的。また、穏やかな波音に耳を傾けながらの湯浴みは、時間と共に移りゆく瀬戸内海の景色を堪能できる至福の時間。瀬戸内・小豆島の海の幸や島の特産品をふんだんに盛り込んだ和食会席も絶品だ。日常から離れ、思い出に残る素敵な休日を。

1日2回、引き潮の時だけ現れる「エンジェルロード」

さわやかな潮風と満天の星空を満喫できる露天風呂

香川県小豆郡土庄町甲24-67
0120-087-962（受付／9:00 ～ 21:00）
チェックイン・アウト／15:00・10:00
P あり（無料）
土庄港より車で約5分、池田港より車で約10分、草壁港より車で約20分、大部港より車で約20分、坂手港より車で約30分、福田港より車で約40分

おすすめ！ information

スタンダード
（本館和洋室、エンジェルロードビュー）
1泊2食付き、2名1室1名あたり
15,120円～

瀬戸内海の「海の幸」と四季の彩り豊かな「山の幸」など厳選された旬の食材をメインに、400年の伝統を持つ小豆島の手延べそうめんや島醤油、オリーブを使った自慢の料理を堪能しよう。

高松　夕凪の湯 HOTEL 花樹海

風光明媚な瀬戸の風景を満喫できる 憧れの老舗旅館

標高58mの高台にあるこちらの旅館では、一般客室全室から瀬戸内海を望むことができ、朝に夕にと時間によってさまざまな表情を堪能できる。また季節ごとに桜、深緑、紅葉など、自然の移り変わりを感じることができるのも魅力だ。８階スカイラウンジでは、大パノラマを眼下に、足湯をしながらのお茶やお酒など、上質で贅沢な時間が用意されている。さらに、特別室と最上階にある自慢の展望露天風呂ではph9のトロトロ「美肌の湯」をお愉しみ頂けます。瀬戸内の魚介や、香川のブランド肉など、旬の素材をふんだんに使った料理には、リピーターが多いのも納得。

何度も訪れたくなる 旅の特別なお宿

おすすめ！ information

1泊2食付、2名1室 17,000円〜

和洋のシェフが腕によりをかけた料理はランクの違う４種類の会席から選べる。香川のブランド牛「オリーブ牛」のステーキなど、地元の魚貝や肉、野菜を味わえるだけでなく調味料にも恵まれた香川ならではの趣向を凝らしたメニューは、旅の想い出になること間違いなし。

香川県高松市西宝町3-5-10
087-861-5580
チェックイン・アウト／ 16:00・10:00
JR高松駅からタクシー約10分
https://www.hanajyukai.jp/

時間で移り変わる瀬戸の景観を楽しめる

瀬戸内の海山、旬を味わい尽くす

高松　WeBase 高松

繁華街にそびえたつ 大きな猫のモニュメントが印象的

コミュニティホステルのドミトリーと個室のシングル・ツインルームがあり、目的に合わせて利用する部屋のタイプを選べるホステル&ホテル。館内にはWi-Fi設備が整ったコミュニティラウンジも併設されており、旅の合間にもゆったりと過ごすことができる。バイキング形式の朝食では、讃岐うどんが人気メニューというのもなんとも香川らしい。レディースフロアもあり、一人旅でも安心。アメニティも充実している。イベントやワークショップなども開催予定。海外からの観光客も多く、文化体験スポットとしても一役買いそうだ。

宿泊や観光は多言語で対応可能

おすすめ！ information

宿泊／シングル平日6,000円〜、ツイン2名1室平日6,500円〜、ドミトリー3,500円〜

2階にあるコミュニティラウンジには地元の古本屋さんがセレクトした本のコーナーがあり、読書をしながら休憩できる。スタッフは英語を始め、フランス語、中国語など多言語対応が可能で、海外からの観光でも安心して宿泊できるのも人気のポイント。

香川県高松市瓦町1-2-3
087-813-4411
チェックイン・アウト／ 15:00・11:00
ことでん瓦町駅から徒歩５分
http://we-base.jp/takamatsu/

エスプレッソマシーンも設置されているシングルルーム

「旅の守り神」として建物の上から見守る「SHIP'S CAT (RETURNS)」

島旅の宿リスト

※料金は1室2名利用を基本にした
1名料金の目安です。
プラン等により変更あり。
※2018年12月1日現在の情報です。
出発前に必ず最新情報をご確認下さい。

ホテル　旅館　ペンション
ゲストハウス　公共の宿　民宿・その他

小豆島 **ビーチサイドホテル鹿島荘**
旅館
¥ 素5,400円～／1泊2食6,500円～
住 香川県小豆郡土庄町甲1656-1
☎ 0879-62-0492

小豆島 **ホテルニュー海風**
旅館
¥ 素4,000円～／1泊2食9,000円～
住 香川県小豆郡土庄町(鹿島)甲2111-1
☎ 0879-62-1323

小豆島 **旅館喜久家**
旅館
¥ 素5,000円～
住 香川県小豆郡土庄町甲5978-16
☎ 0879-62-0271

小豆島 **静海荘**
旅館
¥ 素3,500円／1泊朝食付5,400円
住 香川県小豆郡小豆島町坂手甲1835-5
☎ 0879-82-1215

小豆島 **小豆島海浜センターますや**
旅館
¥ 素4,000円～／1泊2食8,000円～
住 香川県小豆郡小豆島町片城甲44-97
☎ 0879-82-1133

小豆島 **ひろきや旅館**
旅館
¥ 素3,000円～／1泊2食6,700円～
住 香川県小豆郡小豆島町安田甲1395
☎ 0879-82-0137

小豆島 **カントリーイン ザ ホワイトマリーン**
ペンション
¥ 1泊朝食付8,300円～／1泊2食12,000円～
住 香川県小豆郡土庄町甲1466-1
☎ 0879-62-5040

小豆島 **プチホテル サザンモースト**
ペンション
¥ 素4,500円～／1泊2食9,250円～
住 香川県小豆郡小豆島町西村甲1958
☎ 0879-82-5878

小豆島 **バァンキャトル・ウ**
ペンション
¥ 素5,400円～／1泊朝食付6,480円～
住 香川県小豆郡小豆島町西村乙1825-1
☎ 0879-82-5540

小豆島 **ペンション ホワイトホース**
ペンション
¥ 素5,000円～／1泊2食8,000円～
住 香川県小豆郡小豆島町神懸通甲2246
☎ 0879-82-5353

小豆島 **ペンション サンセットコースト**
ペンション
¥ 素4,500円～／1泊2食8,800円～
住 香川県小豆郡土庄町小瀬甲3462-1
☎ 0879-62-2794

小豆島 **小豆島オリーブユースホステル**
ゲストハウス
¥ 素3,655円～／1泊2食5,256円～
住 香川県小豆郡小豆島町西村甲1072
☎ 0879-82-6161

小豆島 **ビジネスホテルニューポート**
ホテル
¥ 素3,630円～／1泊2食付5,160円～
住 香川県小豆郡土庄町甲5165-237
☎ 0879-62-6310

小豆島 **ひとみ荘**
ホテル
¥ 素4,000円～
住 香川県小豆郡土庄町甲6190-1
☎ 0879-62-0174

小豆島 **ベイリゾートホテル小豆島**
ホテル
¥ 1泊2食9,180円～
住 香川県小豆郡小豆島町古江乙16-3
☎ 0879-82-5000

小豆島 **ホテルグリーンプラザ小豆島**
ホテル
¥ 1泊2食8,640円～
住 香川県小豆郡土庄町伊喜末2464
☎ 0879-62-2201

小豆島 **リゾートホテルオリビアン小豆島**
ホテル
¥ 1泊2食12,960円～
住 香川県小豆郡土庄町屋形崎甲63-1
☎ 0879-65-2311

小豆島 **お料理乃宿 千鳥**
旅館
¥ 素5,000円～／1泊2食9,500円～ 要相談
住 香川県小豆郡小豆島町馬木甲863-2
☎ 0879-82-0229

小豆島 **かつや**
旅館
¥ 素4,600円～／1泊朝食5,400円～／
1泊2食7,980円～
住 香川県小豆郡土庄町小部甲293-4
☎ 0879-67-2131

小豆島 **島宿真里**
旅館
¥ 1泊2食27,000円～
住 香川県小豆郡小豆島町苗羽甲2011
☎ 0879-82-0086

小豆島 **小豆島グランドホテル水明**
旅館
¥ 素6,480円～／1泊2食10,800円～
住 香川県小豆郡土庄町甲1171-6
☎ 0879-62-1177

小豆島 **小豆島シーサイドホテル松風**
旅館
¥ 素4,320円～／1泊2食10,800円～
住 香川県小豆郡土庄町甲1481-1
☎ 0879-62-0848

小豆島 **大師の宿 岡田長栄堂**
旅館
¥ 素4,320円～／1泊2食5,940円～ 食事要予約
住 香川県小豆郡土庄町甲5978-22
☎ 0879-62-0554

小豆島 **天空ホテル海廬**
旅館
¥ 素6,000円～／1泊2食10,000円～
住 香川県小豆郡土庄町銀波浦
☎ 0879-62-1430

小豆島 **チェレステ小豆島**
ホテル
¥ 素7,000円／1泊2食12,500円～
住 香川県小豆郡土庄町鹿島甲1462
☎ 0879-62-5015

小豆島 **湯元小豆島温泉塩の湯 オーキドホテル**
ホテル
¥ 素7,020円～／1泊2食11,880円～
住 香川県小豆郡土庄町甲5165-216
☎ 0879-62-5001

小豆島 **小豆島国際ホテル**
ホテル
¥ 素9,180円／1泊2食16,200円～
住 香川県小豆郡土庄町甲24-67
☎ 0120-087-962

小豆島 **小豆島リゾートホテル AQUA**
ホテル
¥ 素15,600円～(2名1室)
住 香川県小豆郡小豆島町吉田276-2
☎ 0120-011-525

小豆島 **ビジネスイン三番館**
ホテル
¥ 素4,320円～／1泊2食5,940円～ 食事要予約
住 香川県小豆郡土庄町甲6190-30
☎ 0879-62-0554

直島　やどSEVEN BEACH
民宿・その他
¥ 素3,700円～
住 香川県香川郡直島町宮ノ浦2310-19
☎ 090-7979-3025

直島　Episode1
民宿・その他
¥ 素11,000円～（2名）
住 香川県香川郡直島町4780-13
☎ 090-9556-1058

直島　ギャラリーインくらや
民宿・その他
¥ 素4,000円～／1泊朝食付4,500円～
住 香川県香川郡直島町本村875
☎ 087-892-2253

直島　コテージOHANA
民宿・その他
¥ 素16,000円～（1棟4名）
5名様以上1名につきプラス3,000円
住 香川県香川郡直島町297
☎ 090-3375-5169

直島　HANARE
民宿・その他
¥ 素4,000円～
住 香川県香川郡直島町4780-15
☎ 090-3174-0087

直島　黄櫨染
民宿・その他
¥ 1泊2食6,800円～
住 香川県香川郡直島町宮ノ浦2310-147
☎ 090-5915-1763

直島　直島ふるさと海の家つつじ荘
民宿・その他
¥ 素3,780円～／1泊2食6,590円
住 香川県香川郡直島町352-1
☎ 087-892-2838

直島　民宿SEASON
民宿・その他
¥ 素5,000円～
住 香川県香川郡直島町積浦84
☎ 080-1998-1235

直島　民宿おうぎや
民宿・その他
¥ 素5,800円～
住 香川県香川郡直島町積浦518-14
☎ 090-3189-0471

直島　民宿おかだ
民宿・その他
¥ 素4,500円～／1泊2食8,640円～
住 香川県香川郡直島町積浦199-1
☎ 087-892-3406、080-1942-1119

直島　民宿おやじの海
民宿・その他
¥ 素4,500円～／1泊朝食付5,000円～
住 香川県香川郡直島町本村774
☎ 090-5261-7670

直島　民宿波へい
民宿・その他
¥ 素5,000円
住 香川県香川郡直島町積浦39-10
☎ 090-1006-8237

小豆島　旅荘 古浜
民宿・その他
¥ 素4,000円～／1泊2食7,500円～
住 香川県小豆郡小豆島町古江甲58-1
☎ 0879-82-3510

小豆島　みさき
民宿・その他
¥ 1泊2食10,800円～
住 香川県小豆郡小豆島町古江甲156-13
☎ 0879-82-1332

小豆島　漁師料理の宿 民宿岡本屋
民宿・その他
¥ 素4,000円／1泊2食8,800円～
住 香川県小豆郡土庄町甲2846-1
☎ 0879-62-1880

直島　ベネッセハウス
ホテル
¥ 1泊1室32,076円～
住 香川県香川郡直島町琴弾地
☎ 087-892-3223

直島　ホテル ライトスタイル
ホテル
¥ 素12,200円（税込）（1部屋1名）
住 香川県香川郡直島町積浦518-2
☎ 087-813-2533

直島　みなとや旅館
ホテル
¥ 素4,320円～／1泊2食7,560円～
1室1名の場合8,640円
住 香川県香川郡直島町宮ノ浦2211-1
☎ 087-892-3044

直島　ドミトリー in 九龍
ゲストハウス
¥ 素3,240円
住 香川県香川郡直島町宮ノ浦2247
☎ 090-7974-2424

直島　La・Curacion
ゲストハウス
¥ 素11,000円～（2名様）
住 香川県香川郡直島町4780-8
☎ 090-9556-1058

直島　Guesthouse SHELL
ゲストハウス
¥ 素4,500円～
住 香川県香川郡直島町890-30
☎ 090-5261-7670

直島　田舎家
民宿・その他
¥ 素4,000円～／1泊夕食付6,000円～
住 香川県香川郡直島町宮ノ浦2310-19
☎ 090-3371-9021

直島　民宿石井商店
民宿・その他
¥ 素4,000円～
住 香川県香川郡直島町本村845-1
☎ 087-892-3022

直島　民宿西村屋
民宿・その他
¥ 素4,000円～ 女性の方・ファミリーに限定／
小学生以下無料
住 香川県香川郡直島町本村746
☎ 090-5277-8284

ホテル　旅館　ペンション
ゲストハウス　公共の宿　民宿・その他

小豆島　漁家民宿ゲンザ
ゲストハウス
¥ 素3,000円～（ドミトリー）※貸切もあり
住 香川県小豆郡小豆島町坂手甲416
☎ 0879-62-9881

小豆島　Guest House＆Cafe あんず
ゲストハウス
¥ 素3,500円～（ドミトリー）※貸切もあり
住 香川県小豆郡小豆島町坂手甲646
☎ 0879-62-8878

小豆島　国民宿舎小豆島
公共の宿
¥ 素4,470円～／1泊2食7,930円～
住 香川県小豆郡小豆島町池田1500-4
☎ 0879-75-1115

小豆島　やなぎや
公共の宿
¥ 素4,800円～／1泊2食7,000円～
住 香川県小豆郡土庄町小部甲293-5
☎ 0879-67-2221

小豆島　オリベックスうちのみ
民宿・その他
¥ 素9,000円～（2名1室）
住 香川県小豆郡小豆島町西村甲1941-1
☎ 0879-82-2200

小豆島　オアシス
民宿・その他
¥ 素5,000円～／1泊朝食付5,800円～
住 香川県小豆郡土庄町上庄1953-7
☎ 0879-62-2495

小豆島　激安民宿マルセ本館
民宿・その他
¥ 素2,500円～（4名1室）
住 香川県小豆郡土庄町甲5978
☎ 0879-62-2385

小豆島　コスモイン有機園
民宿・その他
¥ 素2,160円～／1泊2食6,480円～
住 香川県小豆郡土庄町長浜甲1446-1
☎ 0879-62-4221

小豆島　ビジネス民宿マルセ新館
民宿・その他
¥ 素3,600円～／1泊2食5,160円～（3名1室）
住 香川県小豆郡土庄町甲5165-293
☎ 0879-62-2385

小豆島　海辺の宿 入船
民宿・その他
¥ 素4,320円～ 人数・日付によって変動あり
住 香川県小豆郡土庄町甲1171-14
☎ 0879-62-0590

小豆島　千種旅館
民宿・その他
¥ 素3,500円／1泊2食7,020円～
住 香川県小豆郡小豆島町福田甲1182-2
☎ 0879-84-2153

高見島　民宿森田
民宿・その他
¥ 1泊3食8,000円～
住 香川県仲多度郡多度津町高見1698
☎ 0877-34-3236

粟島　ル・ポール粟島
ホテル
¥ 1泊2食8,500円～
住 香川県三豊市詫間町粟島1418-2
☎ 0875-84-7878

粟島　粟島の家粟島ロッジ
民宿・その他
¥ 素3,700円～／1泊2食6,000円～8,000円
住 香川県三豊市詫間町粟島642-6
☎ 0875-84-7387

粟島　民宿ぎんなん
民宿・その他
¥ 1泊2食8,000円～(税込)
住 香川県三豊市詫間町粟島2217
☎ 0875-84-6448

伊吹島　春日旅館
旅館
¥ 1泊2食8,500円～
住 香川県観音寺市伊吹町5-2
☎ 0875-29-2416

伊吹島　民宿いぶき
民宿・その他
¥ 1泊2食8,500円～
住 香川県観音寺市伊吹町1233-1
☎ 0875-29-2162

男木島　民宿お食事処 円(まどか)
民宿・その他
¥ 1泊2食7,000円
住 香川県高松市男木町1925-2
☎ 087-873-0703

男木島　漁師yado民宿さくら
民宿・その他
¥ 1泊朝食付5,500円～／1泊2食7,500円～
住 香川県高松市男木町1番地
☎ 090-7625-3159

犬島　岡山市立犬島自然の家
民宿・その他
¥ 和室利用1,440円／洋室利用2,050円
住 岡山県岡山市東区犬島119-1
☎ 086-947-9001

本島　大倉邸
ゲストハウス
¥ 素4,000円～(2名～)
住 香川県丸亀市本島町笠島256
☎ 0877-27-3828

本島　民宿海ほたる
民宿・その他
¥ 1泊2食9,000円～
住 香川県丸亀市本島町笠島1076-1
☎ 0877-27-3557

本島　民宿花壇
民宿・その他
¥ 1泊2食8,000円～(2名～)
住 香川県丸亀市本島町泊649
☎ 0877-27-3654

本島　やかた船
民宿・その他
¥ 素5,000円／1泊2食(海鮮定食)11,000円～
住 香川県丸亀市本島町笠島302
☎ 080-3886-9819

ホテル　旅館　ペンション
ゲストハウス　公共の宿　民宿・その他

直島　民宿よこんぼ
民宿・その他
¥ 素4,000円～
住 香川県香川郡直島町3756
☎ 090-1573-7735

直島　そよ風
民宿・その他
¥ 素4,000円～／1泊2食6,000円～
住 香川県香川郡直島町宮ノ浦2289-1
☎ 080-2937-6831

直島　マローラおばさんの家
民宿・その他
¥ 素15,500円(1棟)
住 香川県香川郡直島町宮ノ浦2310-82
☎ 090-7979-3025

直島　宿 星屑
民宿・その他
¥ 素10,000円～(1部屋2名)／1棟貸し18,000円(4名)5名以上1名につきプラス3,000円
住 香川県香川郡直島町宮浦1974-3
☎ 087-813-2533

豊島　Tea オリーブ
民宿・その他
¥ 素4,000円／1泊2食7,500円～
1泊朝食付4,500円～
住 香川県小豆郡土庄町豊島唐櫃9-4
☎ 0879-68-2093

女木島　民宿龍宮
民宿・その他
¥ 素3,500円～／1泊2食7,500円～
住 香川県高松市女木町453
☎ 087-873-0205

島以外の宿

児島　倉敷せとうち児島ホテル
ホテル
¥「せとうち四季プラン」1泊2食12,700円～
住 岡山県倉敷市下津井吹上303-53
☎ 086-473-7711

高松　ダイワロイネットホテル高松
ホテル
¥ リーズナブルプラン 素4,600円～
住 香川県高松市丸亀町8-23 丸亀町GREEN8F
☎ 087-811-7855

高松　Webase高松
ホテル
¥ ドミトリー3,500円～／シングルルーム8,000円～
住 香川県高松市瓦町1-2-3
☎ 087-813-4411

高松　高松東急REIホテル(旧 高松東急イン)
ホテル
¥ 素4,700円～
住 香川県高松市兵庫町9-9
☎ 087-821-0109

高松　やしま第一健康ランド
ホテル
¥ 宿泊プラン2,160円～
住 香川県高松市屋島西町2274-5
☎ 087-841-1126

高松　花樹海
ホテル
¥ 素10,800円～(2名1室)
住 香川県高松市西宝町3-5-10
☎ 087-861-5580

瀬戸内の島々への玄関口

01

高松港

Takamatsukou

小豆島や直島、女木島など多くの島々に向けて絶え間なく船が発着する高松港は、島旅の出発地。周辺には、レストランや土産店が集まるサンポート高松、倉庫街にカフェや雑貨店が並ぶ北浜alleyがあり、観光にも便利。

北浜 alley　きたはまありー

古い倉庫をリノベーションした人気エリア。カフェやギャラリー、雑貨店などが並ぶ。フリーマーケットやコンサートなど、さまざまなイベントも開催。

定番のキッシュロレーヌ(580円)はやさしい味わい

地元食材を使った キッシュ専門店

さぬきニンジンや仁淀川のマッシュルームなど四国の食材を使って、フランスの家庭の味を再現したキッシュが常時20種類以上そろう。カヌレやガトーバスクなどの焼き菓子も人気。

206《つまむ》

香川県高松市北浜町4-14 1・2F　087-811-5212　11:30～19:00(売り切れ次第終了)　不定休　高松港から徒歩10分

開放的な空間に四国と岡山から集まったアイテムが並ぶ

人やモノがもつ ストーリーと出会う

瀬戸内で作られたモノと、それを生み出す人々の物語を伝える場所。旅をテーマにしたさとうゆきさんの布バッグや、100年前の機械でゆっくりと織ったストールなど使い心地のよいものがそろう。

kitahama blue stories《きたはま ぶるーすとーりーず》

香川県高松市北浜町4-10　087-823-5220　11:00～19:00　火曜　高松港から徒歩10分

高松港玉藻防波堤灯台

防波堤の先端にあり、「せとしるべ」の愛称で知られる灯台。ガラスブロックで築かれ、夜になると灯台全体が赤く輝く。

JR 高松駅

JR予讃線、JR高徳線、JR瀬戸大橋線、JR土讃線の発着駅。本島、粟島など西の島々への電車移動は高松駅から行こう。

広々とした空間で、ランチやディナーを味わえる

潮風が心地よいテラス席もある

海を見渡す 絶好のロケーション

高松港のすぐそばにあり、青い海と島々、行き交う船を眺めながら食事が楽しめるレストラン。パスタやハンバーグ、サンドウィッチなどがカジュアルな雰囲気で楽しめる。

MIKAYLA《みけいら》

香川県高松市サンポート8-40 087-811-5357 11:00～21:00 無休 高松港から徒歩5分

季節のワンプレート（900円）は週替わり。ボリューム満点

雑貨店のなかにあり、一人でも気軽に立ち寄れる雰囲気

野菜が主役の ボリュームランチ

オリーブ豚と鳴門金時の揚げ春巻きなど、旬の地元野菜をたっぷり使ったランチが楽しめる。濃厚ガトーショコラなど手作りケーキも人気。キッズスペースがあるので子ども連れでも安心。

KITCHEN《きっちん》 orso.《おるそ》

香川県高松市錦町1-6-8 1F 087-802-3646 11:00～18:00（売り切れ次第終了） 日曜、祝日 高松港から徒歩10分

定番からレアグッズまで幅広い品揃え

ご当地キャラのうどん脳くんグッズもいっぱい

四国にある おもしろいものを発信

四国4県の特産品が常時2,800点以上ずらりと並び、お土産探しにぴったり。オリーブオイルを使った人気の手延べ麺シリーズは、うどんやそうめん、パスタなど5種類そろう（各600円）。

四国ショップ88《しこくしょっぷはちじゅうはち》

香川県高松市サンポート2-1 高松シンボルタワー1F 087-822-0459 10:00～21:00 無休 高松港から徒歩すぐ

本州と四国をつなぐ港町

02

宇野港

Unokou

直島、豊島、小豆島、高松など島めぐりや四国への便利な航路を持つ本州側の港町。近年では、アート巡りに訪れた観光客向けのゲストハウスや、飲食店など新しいお店が増えている。懐かしい町並みに新しい風が運ばれ、進化を続けるスポットだ。

玉野ご当地グルメ たまの温玉めしランチ(750円)

港を臨むイタリアン&定食居酒屋

カジュアルイタリアンのジャカッセ、焼き肉と鍋がひとつになったプコタン料理が自慢のうしべ亭。同じ敷地内で好みの食事が楽しめ、自衛艦カレーなど玉野のご当地グルメも人気。

ジャカッセ・うしべ亭《じゃかっせ・うしべてい》

岡山県玉野市築港1-1-3 産業振興ビル1F
0863-33-5750 11:00 ~ 22:00(土、日曜、祝日~ 22:30)(うしべ亭14:00 ~ 17:00の間はクローズ) 水曜 宇野港から徒歩5分

ふっくら香ばしい焼き魚は、魚定食(600円)で

とろーり卵のカツ丼(650円)はボリューム満点で人気の一品

創業約70年 地元で愛される食堂

店内に入ると、甘辛い煮物や香ばしい焼き魚の香りに包まれる、親子で営む地元の食堂。ボリュームたっぷりの定食やカツ丼が人気で、毎日通いたくなる懐かしい味と家庭的な雰囲気。

大阪屋食堂《おおさかやしょくどう》

岡山県玉野市築港2-3-20 0863-21-4026
11:30 ~ 21:00 毎週日、月曜、祝日(他不定休) 宇野港から徒歩5分
http://www.o-sakaya.info/

インフォメーションセンター
宇野港、JR宇野駅からもすぐの場所にあり、瀬戸芸期間中に周辺のアート巡りのアドバイスや交通案内をしてもらえる。瀬戸芸の公式グッズも購入可能。

●食事　●アート作品　●見どころ　●その他

JR 宇野駅
2016年の瀬戸内国際芸術祭の際に、イタリア人アーティストによってアート化された駅舎。駅周辺には海の生物をモチーフとしたオブジェを多数見ることができる。

倉庫の中は様々な素材や作風のアート作品でいっぱい

創造とコミュニケーションの生まれるアートスペース

約12名のアーティストのアトリエが入る巨大倉庫。制作の様子を見学できるだけでなく、3日前までの予約で木工や造形、染色や絵画、苔玉などの制作体験もできる。

駅東創庫《えきひがしそうこ》

岡山県玉野市築港5-4-1　0863-32-0081　10:00～17:00　火曜　宇野港から徒歩5分

厳選された旬の魚のお刺身(1人前1,480円～)

宇野駅から歩いてすぐ。夜の呑み歩きは、まずここから

1日の〆に楽しい会話と日本酒を

刺し身やイカチチの天ぷらなど瀬戸内の魚介や黒毛和牛ステーキなど、酒の肴が並ぶ居酒屋。近隣のゲストハウスに宿泊する海外からの観光客なども多数訪れる。

うの食堂《うのしょくどう》

岡山県玉野市築港1-5-31　0863-33-0066　18:00～23:00(LO22:30)　日、月曜、不定休　宇野港から徒歩5分

お店自慢の自衛艦カレー(980円～)

宇野以外にも直島や高松の情報もチェックできる

人と情報が集まる宇野の交流拠点

アーティストの作品を展示したり、近隣のお店やイベントなどの情報が自然と集まる文化交流の場。たまの温玉めしなどご当地メニューを楽しめる。現在は、日替わりの店長達が運営中。

Comuni Space uz《こむにすぺーす うず》

岡山県玉野市築港1-4-16　090-5696-1909　10:00～22:00頃　不定休　宇野港から徒歩4分

時刻表

島巡りに欠かせない船の時刻表です。
ただし、時刻表は頻繁に変更になる航路がございます。
必ず事前に最新の情報をご確認ください。

- 2019年2月末日現在の時刻表です。
- 天候により欠航する場合がございます。
- 旅客船・高速旅客船には、車両の積み込みはできません。
- 車両運賃は各フェリー会社にお問い合わせ下さい。
- 所要時間は、最短表記ですのでご注意下さい。

豊島方面

高松 ー 直島（本村）ー 豊島（家浦）

■3月20日 ～ 11月30日

高松発	本村着	家浦着		
07:41	→	08:16		高速旅客船
08:45	→	09:20	土･祝･8月11日～15日の日曜	高速旅客船
09:02	→	09:37	月･水･木･金	高速旅客船
09:07	09:37	09:57	土･日･祝	高速旅客船
10:45	11:15	11:35	月･水･木･金･土･日･祝	高速旅客船
13:05	→	13:40	火	高速旅客船
15:35	→	16:25	月･水･木･金	高速旅客船
16:31	→	17:06	土･日･祝	高速旅客船
18:05	→	18:40		高速旅客船

家浦発	本村着	高松着		
07:00	→	07:35	月･水･木･金	高速旅客船
08:20	→	08:55	月･水･木･金･土･日･祝	高速旅客船
09:20	→	09:55	土･祝･8月11日～15日の日曜	高速旅客船
09:40	→	10:15	月･水･木･金	高速旅客船
10:04	→	10:39	土･日･祝	高速旅客船
12:00	→	12:35	火	高速旅客船
14:25	→	15:15	月･水･木･	高速旅客船
15:10	15:30	16:00	金	高速旅客船
17:20	→	17:55	土･日･祝	高速旅客船

■12月1日 ～ 3月19日

高松発	本村着	家浦着		
07:41	→	08:16		高速旅客船
09:30	10:00	10:20	月･土･日･祝	高速旅客船
13:05	→	13:40	火･水･木･金	高速旅客船
16:31	→	17:06	月･土･日･祝	高速旅客船
18:05	→	18:40		高速旅客船

家浦発	本村着	高松着		
07:00	→	07:35		高速旅客船
08:20	→	08:55	月･土･日･祝	高速旅客船
12:00	→	12:35	火･水･木･金	高速旅客船
15:10	15:30	16:00	月･土･日･祝	高速旅客船
17:20	→	17:55		高速旅客船

備考／芸術祭期間中は増便あり（本村 - 家浦間）。詳細はお問い合わせください。
5月27日より表記のダイヤにて運航。
株式会社豊島フェリー 高松事務所／☎ 087-851-4491
旅客運賃／高速旅客船 高松ー家浦 1,330 円（大人）、高松ー本村 1,220 円（大人）、本村ー家浦 620 円（大人）
所要時間／高松ー家浦 35 分、高松ー本村 30 分、本村ー家浦 20 分

高松 ー 豊島（唐櫃）

■3月20日 ～ 11月30日

高松発	唐櫃着	
10:05	10:40	土･祝･8月11日～15日の日曜

唐櫃発	高松着	
07:55	08:30	土･祝･8月11日～15日の日曜

備考／5月27日より表記のダイヤにて運航。
株式会社豊島フェリー 高松事務所／☎ 087-851-4491
旅客運賃／高速旅客船 高松ー唐櫃 1,330 円（大人）
所要時間／35 分

宇野 ー 直島（宮浦）

宇野発	宮浦着	
06:10	06:30	フェリー
06:25	06:40	旅客船
06:30	06:50	フェリー
07:20	07:40	フェリー
08:22	08:42	フェリー
09:22	09:42	フェリー
10:00	10:15	旅客船
11:00	11:20	フェリー
12:15	12:35	フェリー
13:00	13:15	旅客船
13:50	14:05	旅客船
14:25	14:45	フェリー
15:30	15:50	フェリー
16:05	16:20	旅客船
16:30	16:50	フェリー
17:05	17:25	フェリー
18:53	19:13	フェリー
20:25	20:45	フェリー
22:30	22:45	旅客船
00:35	00:50	旅客船 ※深夜料金

宮浦発	宇野着	
06:00	06:20	フェリー
06:40	07:00	フェリー
07:50	08:10	フェリー
08:52	09:12	フェリー
09:52	10:12	フェリー
10:25	10:40	旅客船
11:10	11:30	フェリー
12:05	12:20	旅客船
12:45	13:05	フェリー
13:25	13:40	旅客船
14:15	14:30	旅客船
14:55	15:15	フェリー
16:02	16:22	フェリー
16:35	16:55	フェリー
17:35	17:55	フェリー
19:02	19:22	フェリー
20:25	20:45	フェリー
21:15	21:30	旅客船
22:05	22:20	旅客船
00:15	00:30	旅客船 ※深夜料金

四国汽船株式会社 宇野支店／☎ 0863-31-1641
旅客運賃／フェリー 290 円（大人）、560 円（大人往復割引）
旅客船 290 円（大人）、560 円（大人往復割引）、580 円（大人深夜料金）
所要時間／フェリー約 20 分
旅客船約 15 分

宇野 ー 直島（本村）

宇野発	本村着	
07:25	07:45	旅客船
11:55	12:15	旅客船
16:50	17:10	旅客船
17:45	18:05	旅客船
18:35	18:55	旅客船

本村発	宇野着	
06:45	07:05	旅客船
07:55	08:15	旅客船
12:30	12:50	旅客船
17:20	17:40	旅客船
18:10	18:30	旅客船

四国汽船株式会社 宇野支店／☎ 0863-31-1641
旅客運賃／旅客船 290 円（大人）、560 円（大人往復割引）
所要時間／旅客船約 20 分

直島（宮浦）ー 豊島（家浦）ー 犬島

宮浦発	家浦着	家浦発	犬島着	
09:20	09:42	09:50	10:15	高速旅客船
11:55	12:17	12:25	12:50	高速旅客船
14:35	→	→	15:12	高速旅客船

犬島発	家浦着	家浦発	宮浦着	
10:25	→	→	11:02	高速旅客船
13:00	13:25	13:35	13:57	高速旅客船
15:20	15:45	15:55	16:17	高速旅客船

運航日／3 月 1 日～ 11 月 30 日：月・水・木・金・土・日・祝
12 月 1 日～ 2 月末日：月・金・土・日・祝
豊島美術館・犬島精錬所美術館の開館日に合わせての運航。
四国汽船株式会社 宮浦発券所／☎ 087-892-3104
旅客運賃／高速旅客船 宮浦ー家浦 620 円（大人）、家浦ー犬島 1,230 円（大人）、宮浦ー犬島 1,850 円（大人）
所要時間／宮浦ー犬島約 37 ～ 57 分、宮浦ー家浦約 22 分、家浦ー犬島約 25 分

直島方面

高松 ー 直島（宮浦）

高松発	宮浦着	
07:20	07:50	高速旅客船
08:12	09:02	フェリー
09:05	09:35	高速旅客船
10:14	11:04	フェリー
11:30	12:00	高速旅客船
12:40	13:30	フェリー
15:35	16:25	フェリー
17:05	17:35	高速旅客船
18:05	18:55	フェリー
20:30	21:00	高速旅客船

宮浦発	高松着	
06:45	07:15	高速旅客船
07:00	08:00	フェリー
08:30	09:00	高速旅客船
09:07	10:07	フェリー
10:00	10:30	高速旅客船
11:30	12:30	フェリー
14:20	15:20	フェリー
16:25	16:55	高速旅客船
17:00	18:00	フェリー
19:45	20:15	高速旅客船

四国汽船株式会社 高松統括事務所／☎ 087-821-5100
高松発券所／☎ 087-821-6798
旅客運賃／フェリー 520 円（大人）、990 円（大人往復割引）
高速旅客船 1,220 円（大人）
所要時間／高松ー宮浦約 50 分、宮浦ー高松約 60 分
高速旅客船約 30 分

高松 ー 小豆島（草壁）

高松発	草壁着	草壁発	高松着
09:30	10:30	07:50	08:50
12:15	13:15	10:50	11:50
14:48	15:48 ※	13:30	14:30 ※
17:43	18:43	16:15	17:15
20:30	21:30	19:00	20:00

内海フェリー株式会社／☎ 0879-82-1080
旅客運賃／690 円（大人）、1,320 円（大人往復割引）
所要時間／約 1 時間

※　平日:車両・自転車・バイクのみ
日・祝:旅客・車両とも乗船可

高松 ー 小豆島（坂手）

■平日

高松発	坂手着	坂手発	高松着
06:15	07:30	09:20	10:45
14:00	15:15 平日・土・休	16:50	18:15
19:15	20:30		

■土・休日

高松発	坂手着	坂手発	高松着
06:00	07:15	11:20	12:45
14:00	15:15 平日・土・休	14:40	16:05
16:30	17:45	22:40	24:05

備考／土・休日ダイヤの対象日：土・日・祝・GW（4 月 27 日～5 月 6 日）・お盆（8 月 10 日～ 8 月 18 日）・年末年始（12 月 28 日～ 2020 年 1 月 5 日）
ジャンボフェリー株式会社／☎ 087-811-6688（高松）
旅客運賃／フェリー 690 円（大人）
所要時間／フェリー 1 時間半

神戸三宮 ー 小豆島（坂手）

■平日

三宮発	高松発	坂手着	坂手発	高松発	三宮着
01:00	06:15	07:30	07:30	→	11:00
06:00	→	09:20	15:15	→	18:45
13:30	→	16:50	20:30	→	24:00

■土・休日

三宮発	高松発	坂手着	坂手発	高松発	三宮着
01:00	06:00	07:15	07:15	→	10:40
08:00	→	11:20	15:15	→	18:40
11:20	→	14:40	17:45	→	21:00
19:20	→	22:40	22:40	01:00	05:15

備考／土・休日ダイヤの対象日：土・日・祝・GW（4 月 27 日～5 月 6 日）・お盆（8 月 10 日～ 8 月 18 日）・年末年始（12 月 28 日～ 2020 年 1 月 5 日）
ジャンボフェリー株式会社／☎ 078-327-3322（神戸）
旅客運賃／フェリー 1,990 円（大人）、3,790 円（大人往復割引）、2,290 円（大人深夜便・土曜休日ダイヤ）、2,590 円（大人深夜便＋土曜休日ダイヤ）
所要時間／約 3 時間強（夜行便は約 6 時間半）

姫路 ー 小豆島（福田）

姫路発	福田着	福田発	姫路着
07:15	08:55	07:50	09:30
09:45	11:25	09:20	11:00
11:15	12:55	11:40	13:20
13:35	15:15	13:15	14:55
15:10	16:50	15:30	17:10
17:25	19:05	17:15	18:55
19:30	21:10	19:30	21:10

小豆島フェリー株式会社（姫路営業所）／☎ 079-234-7100
旅客運賃／フェリー 1,520 円（大人）
所要時間／フェリー 100 分

小豆島方面

高松 ー 小豆島（土庄）

■フェリー

高松発	土庄着	土庄発	高松着
06:25	07:25	06:36	07:36
07:20	08:20	07:35	08:37
08:02	09:02	08:35	09:35
09:00	10:00	09:25	10:25
09:55	10:55	10:20	11:25
10:40	11:45	11:20	12:25
11:35	12:42	12:20	13:25
12:35	13:35	13:53	14:53
13:40	14:40	14:45	15:50
15:10	16:15	15:45	16:55
16:00	17:00	16:30	17:35
17:20	18:25	17:30	18:35
17:50	18:55	18:40	19:45
18:45	19:45	19:30	20:35
20:20	21:20	20:10	21:15

■高速艇

高松発	土庄着	土庄発	高松着
07:40	08:15	07:00	07:35
08:20	08:55	07:30	08:05
09:10	09:45	08:20	08:55
10:00	10:35	09:10	09:45
10:40	11:15	10:00	10:35
11:20	11:55	10:40	11:15
13:00	13:35	11:20	11:55
13:40	14:15	13:00	13:35
14:20	14:55	13:40	14:15
15:10	15:45	14:20	14:55
15:50	16:25	15:10	15:45
16:30	17:05	15:50	16:25
17:10	17:45	16:30	17:05
17:50	18:25	17:10	17:45
18:30	19:05	17:50	18:25
21:30	22:05 夜間便	20:50	21:25 夜間便

備考／高速艇 旅客のみ
小豆島フェリー株式会社／フェリー ☎ 087-822-4383
高速艇 ☎ 087-821-9436
旅客運賃／フェリー 690 円（大人）
高速艇 1,170 円（大人）、1,550 円（大人夜間便）
所要時間／フェリー 60 分　高速艇 35 分

新岡山 ー 小豆島（土庄）

新岡山発	土庄着	土庄発	新岡山着
06:20	07:30	07:00	08:10
07:20	08:30	08:00	09:10
08:30	09:40	08:45	09:55
09:30	10:40	09:50	11:00
10:30	11:40	11:00	12:10
11:20	12:30	12:00	13:10
13:00	14:10	13:00	14:10
13:55	15:05	14:30	15:40
15:00	16:10	15:30	16:40
16:00	17:10	16:30	17:40
16:50	18:00	17:30	18:40
18:05	19:15	18:10	19:20
19:30	20:40	19:25	20:35

両備フェリー／☎ 086-274-1222
旅客運賃／フェリー 1,050 円（大人）
所要時間／フェリー 70 分

宇野 ー 豊島（家浦・唐櫃）ー 小豆島（土庄）

宇野発	家浦発	唐櫃発	土庄着	
	06:40	06:55	07:15	旅客船
06:45	07:25	07:45	08:14	フェリー
08:40	09:05	09:20	09:40	旅客船
11:10	11:50	12:10	12:39	フェリー
11:35	12:00 着			旅客船
13:25	13:50	14:05	14:25	旅客船
15:25	16:05	16:25	16:54	フェリー
17:30	17:55	18:10	18:30	旅客船
19:30	20:10 着			フェリー

土庄発	唐櫃発	家浦発	宇野着	
		06:00	06:40	フェリー
07:20	07:40	07:55	08:20	旅客船
08:40	09:10	09:30	10:09	フェリー
10:30	10:50	11:05	11:30	旅客船
		12:30	12:55	旅客船
13:10	13:40	14:00	14:39	フェリー
15:50	16:10	16:25	16:50	旅客船
17:50	18:20	18:40	19:19	フェリー
19:25	19:45	20:00 着		旅客船

小豆島豊島フェリー株式会社 本社／☎ 0879-62-1348
旅客運賃／旅客船 宇野ー土庄 1,230 円（大人）、宇野ー家浦 770 円（大人）、宇野ー唐櫃 1,030 円（大人）、家浦ー土庄 770 円（大人）、家浦ー唐櫃 290 円（大人）、唐櫃ー土庄 480 円（大人）
所要時間／宇野ー家浦 フェリー 40 分、旅客船 25 分
家浦ー唐櫃 フェリー 30 分、旅客船 20 分

女木・男木方面

高松 ー 女木・男木

高松発	女木島着・発	男木島着	
08:00	08:20	08:40	フェリー
09:10	09:30		フェリー※
10:00	10:20	10:40	フェリー
11:10	11:30		フェリー※
12:00	12:20	12:40	フェリー
13:10	13:30		フェリー※
14:00	14:20	14:40	フェリー
15:10	15:30		フェリー※
16:00	16:20	16:40	フェリー
17:10	17:30		フェリー※
18:10	18:30	18:50	フェリー
18:40	19:00		フェリー※

男木島発	女木島着・発	高松着	
07:00	07:20	07:40	フェリー
	08:10	08:30	フェリー※
09:00	09:20	09:40	フェリー
	10:10	10:30	フェリー※
11:00	11:20	11:40	フェリー
	12:10	12:30	フェリー※
13:00	13:20	13:40	フェリー
	14:10	14:30	フェリー※
15:00	15:20	15:40	フェリー
	16:10	16:30	フェリー※
17:00	17:20	17:40	フェリー
	18:10	18:30	フェリー※

備考／島内への車両乗り入れ不可。
雌雄島海運株式会社／☎ 087-821-7912
旅客運賃／高松ー男木510円(大人)、高松ー女木 370円(大人)、女木ー男木240円(大人)
所要時間／高松ー男木40分、高松ー女木20分、女木ー男木20分
※　8月1日～20日のみ運航

粟島方面

詫間（須田）ー 粟島

須田発	粟島着	粟島発	須田着
06:20	06:35	06:45	07:00
07:25	07:40	07:50	08:05
09:05	09:20	09:30	09:45
10:45	11:00	11:15	11:30
12:40	12:55	14:30	14:45
15:05	15:20	17:10	17:25
18:00	18:15	18:25	18:40
19:05	19:20	19:30	19:45

粟島汽船株式会社／☎ 0875-83-3204
旅客運賃／ 330 円（大人）
所要時間／ 15 分

伊吹島方面

観音寺 ー 伊吹島

■芸術祭期間外

観音寺発	伊吹島着	伊吹島発	観音寺着
07:50	08:15	07:00	07:25
11:20	11:45	09:00	09:25
15:40	16:05	13:30	13:55
17:50	18:15	17:10	17:35

■芸術祭期間中

観音寺発	伊吹島着	伊吹島発	観音寺着
07:50	08:15	07:00	07:25
09:35	10:00	08:40	09:05
11:20	11:45	10:30	10:55
14:20	14:45	12:20	12:45
16:10	16:35	15:10	15:35
17:55	18:20	17:10	17:35

観音寺伊吹丸事務所（観音寺）／☎ 0875-25-4558
旅客運賃／ 510 円（大人）
所要時間／ 25 分

大島方面

高松 ー 大島

■芸術祭期間外

高松発	大島着	大島発	高松着
09:10	09:30	08:40	09:00
11:15	11:35	10:30	10:50
14:00	14:20	13:25	13:45
15:30	15:50	15:00	15:20
17:00	17:20	16:30	16:50

■芸術祭期間中

高松発	大島着	大島発	高松着
09:10	09:40	08:10	08:40
11:15	11:45	10:30	11:00
14:00	14:30	13:25	13:55
15:45	16:15	15:00	15:30
17:10	17:40	16:30	17:00

備考／乗船人数に限りあり。乗船をご希望の場合、直接桟橋にお越しください。
島内への車両乗り入れ不可。
4 月 26 日より表記のダイヤにて運航。
瀬戸内国際芸術祭期間中のみ。
国立療養所大島青松園／☎ 087-871-3131
旅客運賃／無料
所要時間／ 30 分

本島方面

丸亀 ー 本島

丸亀発	本島着	本島発	丸亀着
06:10	06:45 フェリー	06:50	07:20 フェリー
07:40	08:15 フェリー	08:30	08:50 客船※
10:40	11:15 フェリー	09:40	10:10 フェリー
12:10	12:30 客船※	12:35	13:05 フェリー
15:30	16:05 フェリー	14:15	14:35 客船※
16:30	16:50 客船	17:10	17:40 フェリー
18:15	18:35 客船	17:50	18:10 客船
20:00	20:20 客船	19:30	19:50 客船

本島汽船／☎ 0877-22-2782
旅客運賃／ 550 円（大人）、1,050 円（大人往復）
所要時間／フェリー 35 分、客船 20 分
※　牛島経由

高見島方面

多度津 ー 高見島

多度津発	高見島発	高見島発	多度津着
06:55	07:20	08:30	08:55
09:05	09:30	10:25	10:50
14:00	14:25	15:50	16:15
16:20	16:45	17:35	18:00

三洋汽船株式会社／☎ 0865-63-3131
旅客運賃／ 490 円（大人）
所要時間／ 25 分

岡山（日生）ー 小豆島（大部）

日生発	大部着	大部発	日生着
07:30	08:30	08:40	09:40
10:05	11:10	11:20	12:25
12:35	13:45	14:25	15:30
15:40	16:50	17:10	18:20
18:30	19:30	19:40	20:40

瀬戸内観光汽船／☎ 0869-72-0698
旅客運賃／ 1030 円
所要時間／ 60 ～ 70 分

犬島方面

岡山（宝伝）ー 犬島

宝伝発	犬島着	犬島発	宝伝着
06:25	06:35	06:40	06:50
08:00	08:10	08:20	08:30
11:00	11:10	11:15	11:25
13:00	13:10	13:20	13:30
13:45	13:55	14:00	14:10
15:15	15:25 ※1	15:35	15:45 ※1
17:00	17:10	17:15	17:25
18:30	18:40 ※2	18:45	18:55 ※2

備考／車両不可
あけぼの丸／☎ 086-947-0912（個人宅）
旅客運賃／ 300 円（大人）
所要時間／約 10 分
※1　犬島精錬所美術館開館日のみ
※2　日運休

牛窓港 ー 犬島港 ー 岡山京橋 ー 犬島港

牛窓発	犬島着	犬島発	岡山京橋着	岡山京橋発	犬島着
09:00	09:20	09:25	10:30	10:40	11:45

犬島発	岡山京橋着	岡山京橋発	犬島着	犬島発	牛窓着
14:40	15:45	15:55	17:00	17:05	17:25

備考／瀬戸内国際芸術祭期間中のみの運航。
※犬島精錬所美術館の休館日は運休。
株式会社 岡山京橋クルーズ／☎ 086-201-1703
旅客運賃／牛窓ー犬島 700 円（小人 350 円）
犬島ー京橋 2000 円（小人 1000 円）
牛窓ー犬島(経由地)ー京橋 2700 円（小人 1350 円）

港マップ

丸亀港

須田港

多度津港

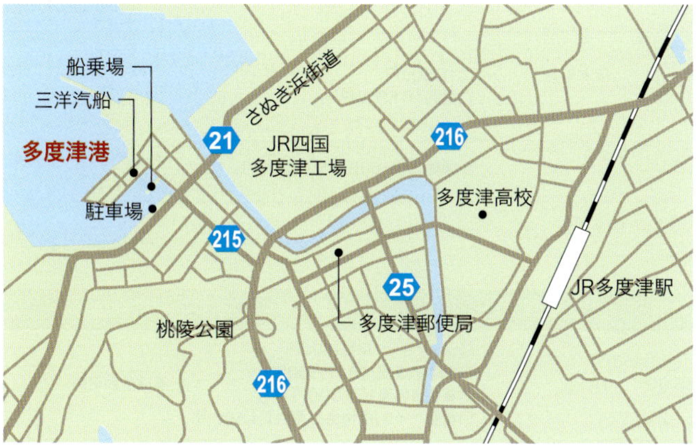

観音寺港

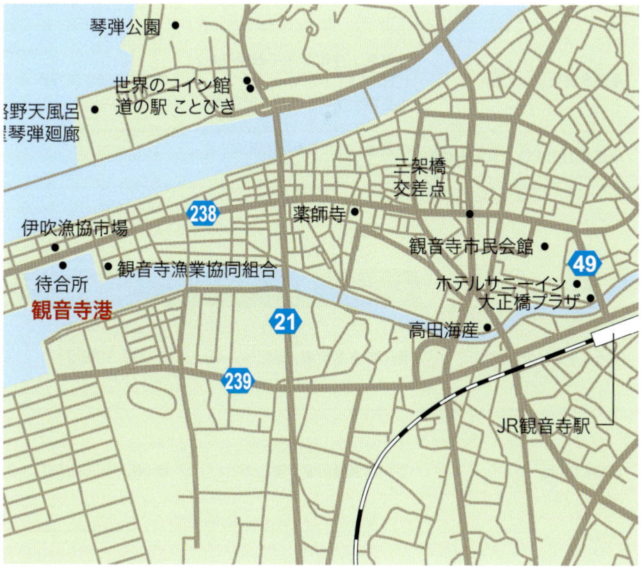

レンタサイクル案内

小豆島

	住所	電話番号	営業時間	定休日	料金	備考
土庄港観光センター	小豆郡土庄町甲6194-10土庄港内	☎0879-62-1666	8:00～17:00		◎1回500円 ※保証金1,000円	
オーキドホテル	小豆郡土庄町甲5165-216	☎0879-62-5001	8:00～19:00 （3月～9月） 8:00～18:00 （10月～2月）		◎4時間600円＋延長30分ごとに100円／1日1,000円 ◎電動1日2,000円	
旭屋旅館	小豆郡土庄町甲6190-6	☎0879-62-0162	7:00～20:00	12月31日・ 1月1日	◎～3時間500円／3～5時間800円／5時間～1,200円	宿泊者のみ2時間無料 利用時間応相談
石井サイクル	小豆郡土庄町オリーブ通り	☎0879-62-1866 ☎090-6286-1866	8:30～17:00	火・水・サイクリングに適さない日	◎4時間800円（土日祝1,000円）／1日1,000円 ◎電動・クロスバイク・マウンテンバイク1日3,000円	貸し出し時試乗必須
小豆島国際ホテル	小豆郡土庄町銀波浦	☎0879-62-2111	8:00～19:00 （7～9月） 8:00～18:00 （10～6月）	ホテル臨時休館の場合休業	◎1時間200円／1日500円 ◎電動1日1,500円	宿泊者限定 悪天候時利用不可 子どものみでの利用不可
小豆島ふるさと村	小豆郡小豆島町室生2084-1	☎0879-75-2266	8:30～17:00 （3月～10月） 8:30～16:30 （11月～2月）		◎5時間800円／1日1,000円 ◎電動5時間1,200円／1日1,500円	＋1,000円で各港に乗り捨て可
内海フェリー	小豆郡小豆島町草壁港	☎0879-82-1080	8:00～18:30		◎4時間1,000円／1日1,500円 ◎電動4時間1,500円／1日2,000円	
ベイリゾートホテル小豆島	小豆郡小豆島町古江乙16-3	☎0879-82-5000	8:00～18:00		◎1時間200円／1日500円 ◎電動1日1,500円	宿泊者限定
小豆島・坂手レンタサイクル	小豆郡小豆島町坂手港	☎0879-82-0821	8:30～18:00	12月29日～1月3日	◎1日1,080円	
小豆島安全レンタカー	小豆郡土庄町字王子前甲24-21（営業所） 小豆郡土庄町土庄港（土庄港）	☎0879-62-9032	8:00～17:00 （営業所） 9:00～17:00 （土庄港）	年末年始	◎1日500円 ◎電動1日1,300円	
小豆島 HELLO CYCLING	小豆島内約50カ所のステーションで乗り捨て可能				◎電動15分100円／1日1,500円	ウェブサイトより要会員登録

直島

	住所	電話番号	営業時間	定休日	料金	備考
おうぎやレンタサイクル	香川郡直島町宮ノ浦2249-40	☎090-3189-0471	9:00～18:00	1月1日	◎シティサイクル1日300円 ◎6段変速機付き1日500円 ◎電動自転車1日1,000円 ◎電動バイク（原付免許要）1日1,500円	事前予約可能
Little Plum	香川郡直島町宮ノ浦2252-1	☎080-1906-3751	9:00～22:00	月・不定休	◎変速機付き1日500円 ◎電動自転車1日1,000円	事前予約可能 宿泊者割引あり（電動自転車1日800円） 前日16:00以降は翌日1日分の料金で利用可
T.V.C. 直島レンタルサービス宮浦店	香川郡直島町宮ノ浦2249-6	☎087-892-3212	8:30～19:00 （3月～10月） 8:30～18:00 （11月～2月）	月・美術館休館日に準ずる不定休 年末年始	◎変速機付き1日500円 ◎ロードバイク1日1,000円 ◎電動自転車1日1,500円（3月～11月）／1,000円（12月～2月） ◎50ccバイク（原付免許要）1日2,500円 ◎125ccバイク（自動二輪免許要）1日4,500円	事前予約可能
T.V.C. 直島レンタルサービス本村店	香川郡直島町本村4771-5	☎087-802-3355	8:30～18:00	月・美術館休館日に準ずる不定休 年末年始	◎変速機付き1日500円 ◎電動自転車1日1,500円（3月～11月）／1,000円（12月～2月） ◎50ccバイク（原付免許要）1日2,500円 ◎125ccバイク（自動二輪免許要）1日4,500円	

直島

	住所	電話番号	営業時間	定休日	料金	備考
ゆうなぎ	香川郡直島町宮ノ浦2249-5	☎ 087-892-2924	8:00～19:00	不定休	◎シティサイクル1日300円 ◎変速機付き1日500円	
Cafe Restaurant Garden	香川郡直島町本村843-1	☎ 087-892-3301	8:30～22:00		◎シティサイクル 変速機付き1日500円	事前予約可能
島小屋｜BOOK CAFE & TENT STAY	香川郡直島町本村882-1	☎ 090-4107-8821	カレンダー参照	月・冬季不定休	◎シティサイクル1日500円	事前予約不可

豊島

	住所	電話番号	営業時間	定休日	料金	備考
NPO法人豊島PPプロジェクトレンタサイクル	小豆郡土庄町豊島家浦3837-5	☎ 080-2943-7788	8:30～17:00	火（臨時休業有） ※豊島美術館開館日は原則営業	◎電動～4時間1,000円／1日（～17:00）1,500円／1泊（17:00～翌8:30）1,000円 ◎電動3人乗り～4時間1,500円／1日（～17:00）2,000円／1泊（17:00～翌8:30）1,000円	ご利用日前々日の15時までに要予約
土庄町電動レンタサイクル	小豆郡土庄町豊島家浦3841-21	☎ 0879-68-3135（NPO法人豊島観光協会）	9:00～16:00 9:00～17:00（7月20日頃～9月末） 8:30～17:00（芸術祭会期中）	火曜日 ※月曜が祝日の場合、火曜営業、翌水曜休業・雨天休業	◎4時間1,000円 4時間以降1時間増すごとに＋100円	
レンタカーあき	小豆郡土庄町豊島家浦890	☎ 090-1689-7380	8:00～18:00	不定休	◎普通自転車・マウンテンバイク1日500円 ◎電動自転車1日1,300円（時間に応じて相談可）	事前予約可能
緋田石油	小豆郡土庄町豊島家浦2148-1	☎ 090-7628-4581	8:00～17:00	不定休	◎電動自転車4時間1,000円／1日（8:00～17:00）1,500円	事前予約可能
からと港レンタサイクル	小豆郡土庄町豊島唐櫃2556	☎ 090-1000-0065	8:30～17:00	豊島美術館休館日に準ずる	◎普通自転車1時間100円 ◎電動4時間1,000円／5時間1,200円／1日1,500円	事前予約可能（午前のみ受付）＋300円で家浦港に乗り捨て可

その他

	住所	電話番号	営業時間	定休日	料金	備考
女木島 **鬼ヶ島おにの館**	高松市女木町15-22 女木港	☎ 087-873-0728	8:00～17:20		◎1日600円 ◎電動1日1,000円	
本島 **本島汽船 本島代理店**	丸亀市本島町泊611-4 本島港	☎ 0877-27-3320	6:30～17:50		◎1日500円 ◎電動1日1,500円	
粟島 **粟島レンタサイクル**	粟島港	☎ 0875-56-5880			◎1日500円 ◎電動1日1,000円	無人
宇野港 **玉野市観光案内所**	玉野市築港1-1-1 JR宇野駅内	☎ 0863-21-3546	9:00～17:30	12月29日～1月3日	◎1日400円 ※預かり金2,000円	
高松港 **JR高松駅前広場地下ポート他**	高松市浜ノ町1-17	☎ 087-821-0400	7:00～23:00（有人ポート） 7:00～22:00（無人ポート）		◎～6時間100円 6時間～24時間200円	島への持ち出し禁止

塩飽勤番所(本島) 100
心臓音のアーカイブ(豊島) 67
住吉神社(女木島) 77
ストーム・ハウス(豊島) 70
瀬戸内海底探査船美術館プロジェクト ソコソコ想像所(粟島) 106
瀬戸大橋タワー(沙弥島) 97
創作郷土料理 暦(小豆島) 20
創作料理 野の花(小豆島) 24
素麺の門干し(小豆島) 10

た

大聖寺(高見島) 104
ダイナマイトトラヴァース変奏曲(小豆島) 68
タケサン記念館小豆島佃煮の郷 一徳庵(小豆島) 35
竹の茶室(小豆島) 68
タコのまくら(小豆島) 33
たこやきnoばあ-MAZEwith迷路のまち(小豆島) 31
たこ焼きふうちゃん(直島) 24
Dutch Cafe Cupid&Cotton(小豆島) 17
段々の風(女木島) 71
チェレステ小豆島(小豆島) 108
地中美術館(直島) 58
忠左衛門(小豆島) 22
長勝寺奥の院 西ノ瀧(小豆島) 33
つぎつぎきんつぎ(小豆島) 68
{つながりの家} カフェ・シヨル(大島) 93
206(高松港) 116
trees犬島店(犬島) 89
豊島(豊島) 8
豊島ウサギニンゲン劇場(豊島) 65
豊島シーウォールハウス(豊島) 64
豊島鮮魚(豊島) 67
てしまのまど(豊島) 19
豊島美術館(豊島) 64
豊島八百万ラボ(豊島) 70
豊島横尾館(豊島) 67
手ぶら観光サービス(小豆島) 49
トイレの家(伊吹島) 102
洞雲山(小豆島) 10
TODAY IS THE DAY Coffee and Chocolate(小豆島) 16
遠見山展望台(本島) 101
doni's bar(小豆島) 31
豊玉姫神社(男木島) 81
ドリマの上(男木島) 83

な

直島カフェ コンニチハ(直島) 60
直島銭湯「I♥湯」(直島) 69
直島パヴィリオン(直島) 55
直島フェリー(直島) 55
直島ホール(直島) 55
なかぶ庵(小豆島) 22
中山の棚田(小豆島) 33
ナカンダ浜(沙弥島) 96
な・ぎ・さ(沙弥島) 19
楠霊庵(第88番)(小豆島) 44
西浦大師堂(高見島) 105
西之瀧(小豆島) 5・33
西ノ浜の家(沙弥島) 97
二十四の瞳映画村(小豆島) 46
20世紀の回想(女木島) 71
ニューおりんぴあ(直島) 61
納骨堂(大島) 93
野天桟敷(池田の桟敷)(小豆島) 33

は

BAR SARU(直島) 61
Vertrek出航(本島) 100
八人九脚(沙弥島) 97
針工場(豊島) 70
Bamboo Village(直島) 59
ビーチサイドホテル鹿島荘(小豆島) 108
醤の郷(小豆島) 35
ビストロ伊織(男木島) 83
双子浦展望台(小豆島) 10
佛谷山(第41番)(小豆島) 43
Bunraku Puppet(直島) 69
平和堂(小豆島) 35
ベイリゾートホテル小豆島(小豆島) 110
ベーカリー&カフェ 菊太郎(小豆島) 33
ベネッセハウスミュージアム(直島) 59
ペンションオリーブ海の家(小豆島) 47
宝生院(第54番)(小豆島) 44
宝生院のシンパク(小豆島) 47
ほっこり民宿 清 -saya-(直島) 57
ホテルグリーンプラザ小豆島(小豆島) 109
墓標の松(大島) 92
本島(本島) 9
Honjima Stand(本島) 101
honjima bakery(本島) 100

ま

maimai(直島) 24
まめまめびーる(小豆島) 37
Mrs.Maroulla's HOUSE(直島) 56
MIKAYLA(高松港) 117
道の駅 小豆島オリーブ公園(小豆島) 46
道の駅・みなとオアシス 大坂城残石記念公園(小豆島) 49
道の駅レストラン サン・オリーブ(小豆島) 24
MINORI GERATO(小豆島) 26
明王寺(第37番)(小豆島) 44
民宿 森田(高見島) 104
民宿おやじの海(直島) 57
民宿 まりも荘(男木島) 82
迷路のまち(小豆島) 30
女木島ビーチアパート(女木島) 75
女根(女木島) 77
MORIKUNI BAKERY(小豆島) 24

や

やまひら醤油(小豆島) 39
夕凪の湯 HOTEL花樹海(高松) 112
妖怪美術館(小豆島) 49
405CAFE(小豆島) 48

ら

ライフイズビューティフル(小豆島) 31
らしく本館(小豆島) 47
李禹煥美術館(直島) 58
Ristorante FURYU(小豆島) 35
漁師の店 海征食堂(男木島) 81
漁師 yado 民宿さくら(男木島) 82
ル・ポール粟島(粟島) 106
霊場総本院(小豆島) 41
檸檬ホテル(豊島) 67

わ

和カフェ ぐぅ(直島) 60
鷲ヶ峰展望台(女木島) 77

INDEX

探しているスポットが
すぐ見つかる「あいうえお」順

あ

ISLAND THEATRE MEGI『女木島名画座』（女木島） 71
青空水族館（大島） 92
青空を夢見て（男木島） 72
アカイトコーヒー（直島） 15
赤かぼちゃ（直島） 10・54
在本商店（犬島） 88
粟島神社（粟島） 107
ANDO MUSEUM（直島） 58
安養寺（第24番）（小豆島） 45
家プロジェクト（直島） 58
家プロジェクト「石橋」（直島） 69
家プロジェクト「護王神社」（直島） 69
いちご家（豊島） 26
いっぷく茶屋（直島） 56
犬島「家プロジェクト」（犬島） 88
犬島「家プロジェクト」I邸（犬島） 73
犬島「家プロジェクト」A邸（犬島） 73
犬島「家プロジェクト」F邸（犬島） 73
犬島「家プロジェクト」C邸（犬島） 73
犬島くらしの植物園（犬島） 86
犬島自然の家（犬島） 89
犬島精錬所美術館（犬島） 88
伊吹漁業協同組合（伊吹島） 102
伊吹航路（伊吹島） 103
伊吹産院跡（伊吹島） 103
Iwao's Cafe Seven Islands 茶粥亭（直島） 59
イワタコンフェクト（直島） 26
We Base 高松（高松） 112
魚河岸7070（直島） 61
Ukicafe（犬島） 89
うすけはれ（小豆島） 15
うの食堂（宇野港） 119
ウミトタ（豊島） 66
海のレストラン（豊島） 20
UMIYADO 鬼旬（女木島） 77
梅本水産 漁師共同直売店（小豆島） 39
恵井高栄堂（直島） 26
栄光寺（第13番）（小豆島） 44
駅東創庫（宇野港） 119
APRON CAFE（直島） 19
恵門之不動（小豆島） 4・39
エンジェルロード（小豆島） 5
大阪屋（小豆島） 20
大阪屋食堂（宇野港） 118
オーテ（女木島） 11・76
オートビレッジYOSHIDA（小豆島） 39
おおみねのうどん屋さん（小豆島） 31
岡田屋商店（小豆島） 24
男木島灯台（男木島） 11
男木島灯台＆男木島灯台資料館（男木島） 83
男木島図書館（男木島） 82
男木島の魂（男木島） 72
男木島路地壁画プロジェクト wallalley（男木島） 83
鬼ヶ島おにの館（女木島） 76
鬼ヶ島大洞窟（女木島） 76
オニノコ瓦プロジェクト（女木島） 71
オリーブ腕輪念珠のワークショップ（小豆島） 47
オリーブ染め工房 木の花 カフェ ラ・モーヴ（小豆島） 35
オンバ（男木島） 11
オンバ・ファクトリー（男木島） 72
オンバ・ファクトリー＆カフェ（男木島） 81

か

階層・地層・層（沙弥島） 97
KAINA（小豆島） 20
香川県立東山魁夷せとうち美術館（沙弥島） 96
柿本人麿碑（沙弥島） 96
笠島まち並保存センター（本島） 100
重岩（小豆島） 6
風の舞（大島） 93
カフェ甘香（豊島） 65
Café&Dining OASIS（小豆島） 48
カフェいっぽ（直島） 26
カフェサロン中奥（直島） 17
Cafe Restaurant Garden（直島） 60
南瓜（直島） 69
カモメの駐車場（女木島） 71
カレーキッチンポパイ（小豆島） 31
川島猛＆ドリームフレンズギャラリー（男木島） 81
寒霞渓 8
寒霞渓巨石・奇石群（小豆島） 7
観光案内所 ei（小豆島） 37
観音寺の奥の院・隼山（第3番）（小豆島） 43
記憶のボトル（男木島） 72
祇園社（高見島） 105
北浜alley（高松港） 116
kitahama blue stories（高松港） 116
喫茶サンワ（小豆島） 17
キッチン UCHINKU（小豆島） 15
KITCHEN orso.（高松港） 117
木の崎うどん（直島） 60
ギャラリー＆カフェ吾亦紅（本島） 101
銀四郎麺業（小豆島） 31
Guest House＆Café あんず（小豆島） 37
ゲストハウス 路地と灯り（直島） 57
guest room 青い鳥（直島） 61
玄米心食あいすなお（直島） 59
碁石山（小豆島） 5
江洞窟（第60番）（小豆島） 42
珈琲とブーケ（小豆島） 14
こまめ食堂（小豆島） 46
Comuni Space uz（宇野港） 119

さ

西光寺（第58番）（小豆島） 44
坂手港フェリー待合所（小豆島） 37
坂手の迷子道（小豆島） 37
桜の迷宮（直島） 69
ささやきの森（豊島） 70
SUP（小豆島） 49
三太郎（小豆島） 22
四国ショップ88（高松港） 117
シナモン（Cin.na.mon）（直島） 57
島キッチン（豊島） 18
simasima（犬島） 26
島食堂（犬島） 89
ジャカッセ・うしべ亭（宇野港） 118
釈迦堂（第36番）（小豆島） 44
樹齢千年のオリーヴ大樹（小豆島） 7
小豆島オリーブ園（小豆島） 48
小豆島グランドホテル水明（小豆島） 109
小豆島国際ホテル（小豆島） 111
小豆島銚子渓 自然動物園 お猿の国（小豆島） 8
小豆島HELLO CYCLING（小豆島） 49
小豆島ふるさと村（小豆島） 49
小豆島ラーメン hishio 小豆島エンジェルロード店（小豆島） 22
食堂101号室（豊島） 65
食堂DO みやんだ（直島） 61

2019年4月19日初版第一刷発行

編著者	株式会社ディレクターズ
	株式会社tao.
	http://www.tao-works.jp
	http://www.ikunas.com
発行者	内山正之
発行所	株式会社西日本出版社
	http://www.jimotonohon.com
	〒564-0044　大阪府吹田市南金田1-8-25-402

【営業・受注センター】
〒564-0044　大阪府吹田市南金田1-11-11-202
TEL.06-6338-3078 FAX.06-6310-7057
郵便振替口座番号　00980-4-181121

STAFF

プロデューサー	岸本広宣
編集	田井響子、近藤照美、古川優希、宮本奈穂子
写真	国貞誠、中村政秀（せとうちカメラ）
取材・ライティング	阿部美岐子（シーズ・プロダクション）、本田亜由美、
	谷本香里、山地美奈、三原美香（フュージョンファクトリー）、
	山田啓太（フュージョンファクトリー）、篠原楠雄、小豆島カメラ、
	佐々木良、水沼祥乃
デザイン	久保月、西村京子、前川久美子、山西紀子、藤内愛子、川田真由美
広告営業	溝川美香
マップ制作	株式会社武揚堂
印刷・製本	図書印刷株式会社

© 2019 DIRECTORS&tao. Printed in Japan
ISBN978-4-908443-40-4　C0026

乱丁落丁は、お買い求めの書店名を明記の上、小社宛にお送りください。
送料小社負担でお取替えさせていただきます。
本書に掲載されている情報は、2019年3月1日現在のものです。
各データは変更の場合がございます。
本書に掲載の写真、イラスト、地図および文章の無断転用を禁じます。